シニアの読書生活

鷲田小彌太

Washida Koyata

文芸社文庫

シニアの読書生活　目次

第四章 読書計画のある人生

序章　七〇歳、死ぬまでに一〇〇冊、読むべき本を求められた

過日、Oさんという方から、お前の本、特に『定年と読書』（文芸社）の愛読者だ。高齢で、これから読める本はかぎられている。とりあえず、ぜひこれだ、という一〇〇冊を推薦してほしい、と丁寧にしたためられた手紙が届いた。必死の文面である。

普通なら、とても無理な注文である。手間暇かかることもある。しかし、ともかく半日かけて、一〇〇冊をセレクトしてみた。できは、自分でいうのもなんだが、Oさんの気に入ったものになるかどうかは別として、まずまずではないだろうか。そのリストを、最終章の末尾に、若干の訂正を加え、収録した。参考になれば、幸いだ。

1　本とは何か？　人間である

それにしても、あと一〇〇冊、これぞと思える本を読まなければ、死ぬわけにはゆかない。こう、Oさんをして思わしめた「本」というものは、一体何なのか？　こう大上段にふりかぶってみよう。

本とは何か？　言葉でできあがったものだ。その言葉とは何か？　人間だけが言葉を持つ。言葉は、人間と他の生物とを画然と分かつ「存在」（モノ）である。つまりは、人間であることに欠かすことのできない「本質」（固有な性質）なのだ。

人間は言葉でできあがっている。その言葉の集まったものが本である。本は、人間の娯楽の対象、たしなみ、知識を得る媒体、等々と理解するだけでは、決定的に不十分なのである。

本とは、人間の本質の重要な部分である。否、人間は本の存在なしに形成されえない。こういっていいのではないだろうか。

人間は、その本を読み、解することによって、人間となる。Oさんが、人生の最後の時期に、本を読んでまっとうしよう、というのは実に真っ当な生き方ではないだろうか。私にはそう確信できる。

2　なぜ本を読むのか？　本があるからだ

しかし、人は本を一冊も読まなくたって、人生をまっとうできる。誰もが本を目にし、読むようになったのは、つい最近のことに属する。それまでは、本を読む人などは、圧倒的に少数派だった。

逆に、本を読んだばっかりに、つまらぬ人生、「空理空論」に満ちた頭でっかちの人生を送る羽目に陥ることがある。それに「悪書」、人間を悪に誘う本もある。けっして少なくない。そんな本を読んでどうする。こういう声も聞こえてくる。

たしかにそういう例はある。しかし、人は本を読むのをやめない。なぜか？　本と人との関係は、魚と水との関係に比することができるかもしれない。だが、より適切な言葉を拾うとすると、「理屈ではない、本がそこにある。だから人は読む」といえる。

少年期、私は本を読まなかった。理由は簡単で、本が周囲になかったからだ。学生時代、本が周囲にあった。自分でも買った。だから読んだ。

シニア期、Oさんのように、人生をまっとうするために本を読む、という人はおそらく少数派ではないだろうか？　人間は一人では生きられない。本はいつもそばにある。愛する人がいなくなってもだ。本があれば生きられる。私なら、そう考える。

3　本は、読めば読むほど、必要になる

人間に食欲がある。食欲は、それを満たせば満たすほど大きくなる。逆に、

食べないと、食欲が減退する。拒食症に陥ることさえある。

人間に読書欲がある。本は読まないと、どんどん読書欲が減じる。逆に、読書欲を満たすと、どんどん読書欲が拡大してゆく。

「欲」（desire）とは、たんに主観的なものではなく、その基礎に「必要」（need）を持つ。読書欲は、渇望であるが、精神の必要であり、「必然」（necessity）なのだ。

精神の必要が読書を渇望する。それが満たされると、人間の精神は満足するか？　一面ではそうだ。満足し、安定する。

食欲は拡大するが、同時に、物質的に限度がある。ところが、読書欲に限度はない。広大無辺である。それは精神の大きさが広大無辺であることに照応している。読書欲が拡大すればするほど、人は読書熱に浮かされる。

何か難しいことをいっているように聞こえるかもしれない。でも、ことは単純なのだ。

個人の食欲には、量的な限度がある。しかし、人間は食の本を読むことによって、広大無辺な食欲を満足させようとする。そして、食欲の本の読書欲に、限度はない。

シニア期、読書欲さえあれば、人間は精神的満足を、心の平和をうることができる。こう考えていい理由があるのだ。

4　読書の敵は「読書」だ、と知るべし

だが、読書とはいいことずくめばかりではない。言葉は人間の本質である、といった。言葉が、いま・ここにないもの、いまだかつて・どこにもなかったものを喚起することができる、純正創造者であるからだ。

言葉は、どんなものでも発明する。発見する。無から有を生む。素晴らしいものを生み出すから、言葉がいいのではない。とんでもない悲劇を生み出すから、言葉が悪いのではない。むしろ、言葉が恐ろしいのは、「とんでもない素晴らしいもの」を生み出すからである。

そして、人間はこの「とんでもない素晴らしいもの」（＝理想）が好きなの

である。それを見出したら、実現しようとするのである。

マルクスは資本主義の偽・悪・醜を摘発し、共産主義の真・善・美を称揚し、その実現を訴えた。他でもない、「本」(『共産主義者宣言』や『資本論』)によってだ。それが多くの人の魂をとらえた。その本を読むことで、一五〇年間、人類は共産主義の「理想」という悪夢に悩まされ続けてきたのである。

共産主義を信奉する国家が崩壊した。しかし、マルクスの本は克服されたわけではない。このことを知っておこう。

素晴らしいこと、思いも寄らない理想を訴える本には、気をつけたらいい。これに比べれば、人間の悪性を発見し、そこに誘い込もうとするマルキ・ド・サド本など、人間を迷わし、悲惨にいたらすという点でいえば、物の数ではない、と知るべきである。

そして、急いでつけ加えておこう。「読書の敵である読書」を克服するのは、読書による他ない、と。読書が重要なのは、この点にもある。

第一章　定年後、読書で差がつく

1　老いてこそ読書

最近つくづく思うことがある。

北海道の過疎地に住んでから、三〇年以上経った。移り住んだとき、近辺は無人に近かった。移住は成功だった。四〇〜六〇代の働き盛りを、静かなところで思う存分仕事ができたからである。幸運であった。

しかし、七〇代に入った。第一の問題は、冬の除雪が容易でなくなったことである。体力のほうも落ちてきたが、なによりも、おっくうになってきたのだ。

気力が萎えてきたのである。冬の不便は夏の快適さと相殺できない、と感じるようになったわけだ。

都会に出ようか？　夫婦の間でしばしばこの話題が出る。しかし、どうしても躊躇してしまうのだ。やはり大きな問題は、たいした数とはいえないが、蔵書をどうするか、ということだ。

処分すればいい、と思われるかもしれない。だが、仕事の性質上、本がなければ仕事ができないのである。都会に、必要最小限の本を収納する「場所」を確保するのは、容易ではないだろう。おそらく、不可能に近いのではないだろうか？　こう思えてしょうがないのである。

それでも、私はまだまだ幸せなほうだろう。なにせ、大学の研究室を、長い間、不要な本の置き場所として使えたからである。これには助かった。

本の置き場所に苦慮するのは、老いても、本のない、読書のない生活は考えられないからである。否、老いれば老いるほど、本を手放すことができないと思えるからである。

仕事のためばかりではない。読書それ自体を楽しむためである。本に人生が詰まっているからだ。

たしかに、私にはテレビがある。酒がある。大いに楽しみ、大きな時間を割く結果になっている。しかし、二つはあくまでも潤滑油である。薬味である。本を読むから、テレビがおもしろい。本を読むから酒が美味しいので、断じてこの逆ではないのである。

先年（二〇〇三年七月から八月にかけて）のことだ。一八日間、酷暑のイタリアを巡礼の旅で訪れた。とにかく暑かった。フランスでは数千人の死者が出たそうだが、イタリアも連日四〇度に近づく暑さが続いた。その中を一日中、隊列を組んで、ミサや観光に費やすのである。夜だって、三〇度以下にはならない。焼けた敷石が熱気をガンガン放っている。

それで、夜の外出もままならずというわけで、毎夜遅くまで私の部屋がバーになった。多いときには十数人が集い、ビールや葡萄酒のシンポジュウム（饗宴）と化す。読書どころではなかった。（もっとも、暑くなくたって、同じようなことになっていただろうが。）

そんなわけで、旅行中、活字に飢えを感じていた。よせばいいのに、帰りの飛行機のなかで夢中で本を読んだ。時差ぼけになるだろう、ということはわかっていたが、中断するわけにはゆかなかった。それで、帰国後、一月あまり、時差ぼけに苦しめられることになった。はじめての経験である。それでも、時差ぼけは、やはり、読書でなおすのだから、まっ、いいか、ということだろう。

わずか一、二冊の読書があるかないかで、人生などと大げさにいわなくとも、「一刻」、「半日」、「一日」を過ごす色合いがまるで違ってくる。本を手放すことができない最大の理由だ。

読書をする人の顔は美しい

ここにYさんとSさんがいる。ほぼ同じ年齢で、つい最近、永年続けていた仕事を辞めたばかりだ。私より少し年上で、最初にあったとき、二人は四〇代の半ばであった。二人は、小説を書くのが好きなことでもよく似ている。二人とも、小さくはあるが、地域の文学賞を受賞している。

最初にあったとき、比較すると、一見して、Sさんのほうが美しく思えた。それに、明るかった。輝いて見えた。比べて、Yさんは、どこかに歪みがあって、一見して、ひきこもりに思えた。自分の殻の中に閉じこもったままで、はっきりいって、自意識過剰で、被害者意識が強かった。

ところが三〇年経った現在はどうだろうか。逆転している。Yさんのほうが、美しいのである。輝いているのである。その差は、しかも、歴然としている。この差はどこから生まれたのだろう？　読書（量）の差による、というのが私の回答だ。

Sさんは、書くのは好きだが、読むのが嫌いだ。自分の書いたものしか読まないのでは？　といってしまいたくなるほど、本を読まない。三〇年間ほとんど作品を読まず、そこから学ばないままで来た人、極端にいうと、そう思えるのがSさんだ。

対して、Yさんは小説から実録ものまで、頻繁に書店に出没し、手に取り、買い、読んでいる。その読書量たるや、半端ではない。自意識過剰気味なところは三〇年前と変わっていないが、他者の意識を追考することを続けてきたので、表情や表現に、他者を説得させうる力が出てきたのである。

もちろん、この二人の三〇年にわたる人生経緯を、私はつまびらかには知らない。私の知らない困難や不幸が、Ｓさんの身の上に生じたのかもしれない。しかし、三〇年前に見ることができたＳさんの「美しさ」をそのまま延長しても、現在のＹさんのほうが美しく思えるのである。その違いは読書（量）の差にある、と思えるのだ。

この例は私の経験則だから、すべてに当てはまる、というわけにはゆかないだろう。しかし、私の経験のなかでは、例外をほとんど見出すことができない、と思えるのである。

読書をする人の顔は美しい。とりわけ、中年以降、読書に夢中になる人の顔は、激しく美しくなる。こう私はいいたいのである。その理由と問われれば、こう答えてみたい。

苦労した人は、他人の痛みがわかる、といわれる。半ばの事実である。苦労が、その人個人の体験を越えない場合、自分の苦労は他人にはわからない、という心持ちに閉じこめられてしまう。結果、他人の苦労や痛みを理解できなくなる。

苦労した苦痛が個人の体験を越えるためには、自分を他者の位置に置いて、客観的にながめてみる必要がある。そのためには、他者の人生や経験を生きてみる必要がある。しかし、直に他者の人生や経験を生きることはできない。

人は本を読むことで、他者の人生や経験を生きることができる。本だけでなく、映像や芝居でも同じような追体験が可能だ、というだろう。その通りだが、読書と観劇では、追体験の凝縮度が異なる。読書のほうが、はるかに集中度と持続度を必要とする。一言でいえば、能動的である。想像的といってもいい。読書は、自らがのめり込むように活字と対面しなければ、不可能なのである。総じて、読書のなかで、人はのめり込むように他人の人生とつき合うのである。

Yさんに、多様な人生を理解し、それぞれの生き方に反応できる力、表現力が備わった。それがYさんを美しく見せている。読書に負うところ大である。こういいたいわけだ。

＊「本を読まないやつは、顔が違う。きっと、活字を目で追う、ということをしないやつは、目つきが鈍くなっちまうんだろうな。そして、本を読まないやつは口を開けて呼吸する。口で呼吸しながら、小説なんて読めない。だから、

本を読むやつはいつも口を閉じているし、本を読まないやつは、いつもポカンと口を開けている。だから、バカ面になる。」（東直己『ススキノ、ハーフボイルド』双葉社　二〇〇三）東さんは、友人である。

一生幸せになりたかったら、読書がある

衣食住に心配がないという条件下で、あと一つだけ、かなうものがあるとしたら、あなたは何を望むだろうか？　こう自問してほしい。

開高健がたえず口にしていたチャイナの古い諺がある。

一時間幸せになりたかったら酒を飲め
三日間幸せになりたかったら結婚しろ
一週間幸せになりたかったら豚を殺して食べろ
一生幸せになりたかったら釣りを覚えろ

開高の釣りキチガイは世に知られている。『オーパ！』（講談社）を一読すればわかる。

では、開高を地球の果てまで魚をもとめて狂騒的に釣りへと誘った深い動機は何か、ご存じだろうか？　他でもない、妻（結婚）から逃れるためだったのである（そうだ）。開高の釣りは、現実逃避から生まれた副産物だったのだ。開高が生きたのは日本である。開高が、どれほどのドランカーでも、グルメでも、釣りキチでも、本がなければ生きてゆくことができなかったのである。若いとき、本物の飢餓と精神的飢餓の「地獄」からかろうじて開高を救ったのは、読書であった、と述懐している。それは、飢餓がなくなり、望む作家の地位を確保したあとでも、変わらなかった、と思える。

開高にとって、読書は主食である。読書があればこそ、よく生き抜くことができたのである。どんな困難にも耐え抜くことができた。これに対して、釣りは副食であった。それがどんなに激しく、人生を燃焼させうるものであったとしても、人生と拮抗しうるものではない（、と思える）。

こんなことをいうと、読書はいかにも重そうだ。人生の重みと拮抗するほどに思えるだろう。そうではない。

書物は、どんな重い主題にかかわっていようと、フィクションである。現実から「自由」な世界なのだ。現実の壁を簡単に乗り越えることのできる秘薬に違いない。釣りと同じように、現実逃避の一形態なのである。

何だ、現実逃避か、などと軽蔑したもうな。人間は、生の現実とともに、それよりはるかに広大な非現実世界を持つのである。もちろん、この虚構世界を持つのは、ひとり人間だけなのである。このフィクション世界でどのように生き抜くのか、で、その人の人生の濃淡度、広狭度、快苦度等々が量られる、といって間違いない。

そして開高の釣り紀行文を読んでみるといい。開高の釣りが、他の誰とも異なったのは、それが放縦な言葉の世界でできあがっていることがわかるだろう。言葉の世界とは、フィクションの世界である。おそらく（というのも、私の釣り体験は、少年時代でとぎれているからだが）、開高の釣りフィクションは、現実のどんな種類のフィッシングよりも、段違いにおもしろい、魂（精神）を震わせるものだ、といっていいだろう。

私が、躊躇なく、一生幸せになりたいと思ったら読書がある、というゆえんである。

人生は長く、読書は永遠だ

私たちは高齢社会の中を生きている。数字で表せば、人生一〇〇歳の時代なのだ。一〇〇歳まで生きる、ということを想像することができるだろうか？九〇歳の時、何をしているだろう、と考えてみるがいい。あるいは、九〇歳で何がしたいか、答えてみるがいい。容易に答えられないだろう。

たんに、人生の絶対時間が伸びただけではないのだ。高速時代である。たとえば、これまで一時間でできたものが、五分とかからない時代を生きているのである。人はこんな高速時代を、忙しい、せわしないという。そうだろうか？単純計算をすると、これまで一時間かかったものを、五分ですますことができれば、残りの五五分は自由時間になる。その残余の時間をどう過ごそうと自由である。

ところが、実際は、会社で働く時間は、あいかわらず八時間である。だから、その八時間で、かつてより何倍もの仕事量をこなしている計算になる。その忙しさには堪えがたい。こう反論されるだろう。

主婦は、かつて手で洗濯をしていた。現在、自動洗濯機であっという間に大量の洗濯物を処理できる。家事全般にわたって、主婦の手間が省けたのに、いっこうに暇ができない。家事が機械化され、逆に、主婦がその機器に使われてしまい、忙しさが増した。こう嘆くだろう。

だがどうだろう。週休二日制になった。一年の三分の一が休日なのである。大いに忙しいと嘆いているサラリーマンが、この休日を過ごすのに、汲々としているというのが本当のところではないだろうか。あるいは、家事で忙しいはずの主婦たちが、昼食時、連れだってデパートのレストランのケーキバイキングに行列をなしているのを見かけるが、これは稀なケースなのであろうか？

明らかなのは、この長命の時代、高速の時代にふさわしい生き方（ライフスタイル）が、見出されていないことである。休日を、そろいもそろってワンボックスカーを走らせて、大忙しで観光地を回って来るという、旧式のレジャーの過ごし方に終始しているようである。何か、寂しくも悲しい光景ではないだろうか？

私は高齢社会と高速社会の生き方の基本は、二つある、と主張している。一つは、仕事で生きるである。二つに、読書で過ごすである。

定年後も、第二、第三の仕事を続けよう、とともに、読書のある人生を生きよう、である。この二つがあれば、誰のどんな人生でも、鬼に金棒である、と断定してもいい。

仕事に関しては繰り返し述べてきた。読書に関してだが、本書の主題である。九〇歳に何をしたいか？　こう問うてみた。私なら、読書をしたい、と即答するだろう。したいではなく、読書だけは続けていたい、続けることができる、と考えることができるのである。七一歳の私が、である。ちょっといいな、と私などは思ってしまう。

もちろん、これは私が九〇歳まで生きていたら、の話である。九〇歳まで生きられるとは、ただいまのところまったく考えられない、としてもである。

2　読書のある人生

読書は人生の「主食」であるといった。読書は、人間に不可避なもう一つの世界を生き抜くために必須物である、という意味とともに、読書の楽しみは、人生の終端まで続けることができるほとんど唯一物、という意味もここにこめていいだろう。読書は人生とほぼ同じ長さと広さを持つ、といっていいからだ。

もっとも、読書は、つい半世紀前までは、一部の人間たちの所有物に過ぎなかった。

「生命ある不朽の書を少数者の書斎と研究室より解放して街頭にくまなく立たしめ民衆に伍せしめる」（岩波文庫発刊に際して）とマニフェスト（宣言）したのは、昭和二年（一九二七）のことだった。しかし、読書が「民衆」とともにあるものとなるのは、それからずっと後のことである。一九七〇年代に入ってからだ。

「読書人」とは、もと漢語で、学者や知識人のことをさした。エリート（選良＝稀少）である。マルティテュード（多数）にとって、書物も読書も縁のないものであった。この点は、戦後のある時期までは、日本とて同じであった。

その書物と読書が、多数者の手に自由に入り、活用可能なものとなったのである。よく、本が読まれなくなった、活字離れが進行している、といわれる。

しかし、ここに統計がある。一見してほしい。

この数字だけでいうと、書籍の発行部数も、実売部数も順調にというか、飛躍的に伸びている。ただ、二〇〇〇年年前後に、出版バブルがはじけたので、各社は、初刷りの部数を減らし、返品率拡大に歯止めをかけ始めた。今後、それが実売数にどう響いてくるかである。

それに、まだわずかだが、電子書籍、古書のネット販売の急速な拡大がある。これを合わせると、本はあいかわらず売れている。読まれている。こう判断して間違いない。

私にいわせれば、「昔は本を読んだ」と

	書籍発行部数（百万部）	返品率	新刊点数
1960年	193	35%	13122
1970年	514	35%	18754
1980年	1060	34%	27891
1995年	1498	35%	40576
1997年	1573	38%	65438
2000年	1419	39%	65065
2006年	1283	38%	77722

※出版科学研究所調べ

いうのは、「私の若い頃は勉強した」というのと同じように、本を読まない人の「悪癖」なのである。私の両親は、田舎ではちょっとした「教養人」の部類に入っていたが、自分から進んで書籍を買ったことはなかったのではないだろうか。

万人が読書を人生の不可分な要素と位置づけて生きる。それが可能な時代を、私たちは生きているのである。

もし、私に読書がなかったなら

私の生家は雑貨商で、父の兄弟が何人も同居していたり、始終人が出入りしていた。しかし、家の中に単行本があった、という記憶がない。父の読み物は、新聞と、『講談倶楽部』、『ベースボール・マガジン』で、二軒隣の本屋さんにいってその二冊を受け取るのが楽しみであった。本格的な本を手にしたのは、三歳違いの姉が札幌の女子中学校に上がり、小説を読みはじめてからではなかったろうか。姉のを借りて読んだのだ。

田舎の中学では、小説などを読むやつは、「不良」になる、と教師からいわれたのをいまでも思い出す。まわりの一五〇人余りいた同級生のうち、西部倫子という文学少女をのぞいて、本など買うものも、読むものもいなかったのでは、と思えた。

高校に行くようになると、さすがに本に接する機会が増えた。しかし、せいぜいが推理小説どまりで、主流は、テレビであり、映画だった。それに受験勉強にとって、読書は「最大敵」だった。

大学は、特にこれという志望学部がなく、無難な経済学部を受けて、二度落とされた。なんだか「無難な人生」が自分には用意されていない運命にあるのでは、という「理由」もあって、三度目は、文学部に志望を変えたのである。本格的に本を読むようになったのは、この二浪の途中からだった。しかし、本を買うほどの気持ちはなく、下宿の近くにあった貸本屋からもっぱら借りて読んでいた。

文学部に入った。半年たって、浪人時代の下宿を引き払い、大学の近くに間借りした。友人たちが遊びに来るかもしれない。それで、引っ越したその日に、ガード下の古本屋から、たいして確かめもせず、安い本をまとめて買って、荒縄で括って下宿に持ち帰り、受験参考書が並んでいた書棚に放り込んで、ホッとした。文学部生なのに、一冊も本を持たない。こんな恥ずかしいことはない。こう思えたのである。

それでも、七五人いた同期の文学部生のなかで、学生時代、おそらく私がいちばん本を読んでいたのではないだろうか。上級生などには、いっぱしの作家気取りの人もいたが、本は概して読んでいなかった。その書棚は、貧弱だった。

二〇代の半ばに、コミュニストになった。マルクス、エンゲルス、レーニン等々のマルクス主義関係の書物が、どんどん増えていった。当然のように、非マルクス主義関連の本を読む機会は減っていった。それでも、私がであった同じ年頃のなかで、非マルクス主義関係の書物を私より読んでいる人はいなかったのではないだろうか？

博士課程に進んで、結婚した。子供が生まれる。定職はない。三人目の子どもがお腹にいる最中に、小さな短大の専任講師になった。三三歳の時だった。心底ホッとした。最低限、五人家族が生きてゆけるだけのものが確保される、と思えた。それに著書も持ったのである。このころ、少し有頂天になっていたかもしれない。

しかし、三五歳の時、谷沢永一『読書人の立場』（桜楓社　一九七七）にであった。まったく偶然で、未知の著者であった。この時をもって、私の読書ならびに学問研究の本当の開始の鐘が鳴った（とひそかに感じた）。谷沢永一の本は全部読む。谷沢が読んで薦める本も、可能なかぎり読もう。そう心に決めた。はじめて、無理を承知で、独立した書庫と書斎を持ったのは、その直後だった。

コミュニストであることと、谷沢永一の書物を、その内容を受け入れることは、一見して相容れない。この股裂き状態に耐えながら、マルクス主義思想を死守する道を探した。しかし、ついにその道は見つからなかった。谷沢の本にであって一〇年後、最終的にマルクス主義を放棄する決心がついた。

非共産党系のマルクス主義思想家がつくった学界「90ｓフォーラム」（一九九〇）の発会式、トップバッターを廣松渉先生に命じられた。社会主義の可能性は現存する社会主義の徹底的批判と解体を推し進めること以外にない、という主旨を表明した。もちろん、怒号が飛んだ。私の短くて長い、二〇年にわたるコミュニストの時代が、最終的に終わったのは、このときである。

いくつかの「もし」がある。

もし、すんなり経済学部に受かっていたら、私が読書人になることも、コミュニストになることもなかっただろう。

もし、動機はどうであれ、読書に熱中しなかったら、コミュニストになっていなかっただろう。

もし、谷沢先生の本にであわなかったなら、読書を人生の中心におく生き方をしていず、あいまいなコミュニストを続けていただろう。

もし、読書をせず、谷沢先生の本にもであわず、物書きになろうとしなかったら、三五歳以降の私の人生はまったく違っていただろう。

誰の人生にも「もし」がたくさんある。しかし、幸いなことに、偶然、読書の道に染まり、読書を武器として生きる希有な読書人にであい、その読書人のようになりたい、少しでも近づきたい、と思えた結果が、現在の自分を生んだのだ、とひとまず思える。この道を、これからも歩んでいく。そう確信できる。

読書はいくつもの人生を教えてくれる〜アームチェア・ライフ

アームチェア・ディテクティブ（armchair detective）がある。事件の現場を実見せず、捜査に加わらないで、安楽椅子に座りながら、事件の謎を解く探偵、あるいは探偵小説のことである。推理小説に現れる名探偵のほとんどは、警察がかけずり回っているのに、眉一つ動かすことなく、掌を指すように、犯人を推理してしまう。シャーロック・ホームズ然り、エルキュール・ポアロ然り、ブラウン神父然りである。

アームチェア・ソーシャリスト（armchair socialist）とは、口先だけの社会主義者で、「書斎派」といわれる。一般には、現実を知らない、非実践的な社会主義者のことで、侮蔑的呼び名である。しかし、「革命理論なくして、革命実践はない」といわれるとおり、理論は理論として、きっちり学ばなければ、とんでもない社会主義実践が生まれることも、事実である。

アームチェア・トラベラー（armchair traveler）とは、紙上旅行者のことで、一面では、金や暇がなくて旅行に行けない者の慰み＝代替行為とみなされる。しかし、他面で、地図や書物で旅をする知性派のことを指す。ドイツの哲学者カントは、生まれ故郷のケーニヒスベルクを生涯でることはなかったが、遠くロンドンの町中を熟知していたという。

それに、実際に旅をする場合でも、あらかじめ、「紙の上」で旅をすると、あるいは、実際の旅のあと、「紙の上」で旅をやり直すと、旅の内実がまるで違ってくるのである。奥行きも幅も広い旅になる。「読書」がそうさせる、といえる。

近代思想を切り開いた一人であるトーマス・ホッブズの『リバイアサン』（国家論）は、冒頭、「賢明さ（wisdom）は、書物を読む（reading）ことによってではなく、人間を読むことによって獲得される」という通説を批判する。人間個人をその行為によって完全に知ることができたとしても、ごく少数の人にかぎられる。個々の人間ではなく、全国民を、あるいは、全人類を、即ち「人間」を理解しようと思えば、書物を読まなければ不可能である、というのだ。

もう少し言葉を継げば、そもそも「人間」を理解する＝読むためには、書物を読まなければならないのである。書物を読まなければ、人間＝世界を読むことはできない。
しかし、こういう反論が持ち出されるだろう。松下幸之助はたいした書物を読んでいない。学問上の知識に疎かった。だが、人間を、世の中を実に的確にとらえていた。その知恵（＝賢明さ）はひたすら彼自身の体験から学んだものである、と。

つまり、松下は、ホッブズが批判する「通説」通りに生きながら、知恵の人であった、というわけだろう。では、松下幸之助は、「書物」を読むことなど有害無益であり、不要である、と考えていたのであろうか？　彼自身は書物を読むことはしなかったが、よき読み手の話に耳を傾けた。第二に、彼自身が多数の書物を書いて、出版している。つまり、書物を読む効用と必要をよく知っていたのである。

司馬遼太郎は、「書斎の人」である。それなのに、「人間＝世間通」である。正確にいおう。司馬は「書斎の人」であるがゆえに、「人間＝世間通」である。
谷沢永一は、さらに「書斎の人」である。それゆえに、「人間＝世間通」である。谷沢は、「本は私にすべてのことを教えてくれた」という総題のもとに、

『雑書放蕩記』の続編＝自立編を書いてさえいる。

書物を通して、人は、個人の、あるいは、少数の人間や、現前にある一部の世界だけでなく、複数の、あるいは無数の人間を、その人生を、広い世界を、過去と現在と未来にわたって、学ぶのである。書物を読むことなしには、ほとんど不可能である、といっていい。

シニアにこそ読書が必要な時代だ

高齢社会といわれる。「お年寄りにやさしい社会」という標語にも現れているように、「高齢者」は、たしかに、大事にされるようになった。しかし、「大事」とは、高齢者の役割を認めてのことではない。保護と介護の対象とみなしてのことだ。高齢者のほうにも、ただ高齢者である、長く生きたという理由だけで、社会（＝国家）が高齢者の面倒を見るのが「当然」である、という意識が強固にある。

その一面で、高齢者（シニア）自身は、自分たちが社会からも、若い人（ジュニア）たちからも「尊重」も「尊敬」もされていない、と感じている。

いうならば、丁重に「棚上げ」されている、と感じている。老人を大事にするのは、厄介者を寓するやり方である、という風にである。

昔は、村や地区には「古老」と呼ばれる人がいた。重大な問題が起こると、この古老の意見を聞きに行く。こういう習慣があった。ところが、現代は、老人で満ちているのに、重要な問題が生じても、老人は除外されるのが常である。老人は、老人クラブで仲良くしていればいい、というかのようなのだ。

しかし、「昔」とは、狭い、お互い顔の知れた隣どうし、あるいは地区内のことである。そこでは、老人の長く練られた体験が問題の解決に十分役に立った。ところが、この高度情報社会である。つぎつぎに新しい知識が入ってくるばかりではない。世界各地の、あるいは、時代を飛び越えた歴史の新発見がつぎつぎにもたらされる。狭いサークルや地区だけに通じる体験では、とうてい間にあわなくなっている。

シニアが、重要問題に答えようとすれば、体験の多さ、長さではなく、広く深い知恵や知識を身につける必要がある。そのためには、若いときにも増して、読書をする必要がある。こう考えるのは、私ばかりではないだろう。

学生時代には本を読んだ。読む暇もあった。サラリーマンになって、本を読まなくなった。その暇もなくなった。たった一つしかない本箱には、学生時代に読んだ本が、ホコリを被ったままになっている。私たちの世代には、こういう人がかなりいる。

しかし、本は、本当のことをいえば、暇がないから読むのである。読みたくなるのだ。さらに、仕事をするためには、本が必要になるのであって、その逆ではない。それあるか、いまどきの若い人は、学生時代には本を読むことがなくても、サラリーマンになったら、読まざるを得なくなる。仕事ができる人ほど、時間を作って本を読む。こうなっているのである。

シニアになっても、仕事を続けていきたい。それも、定年前と同じ仕事ではなく、新しい仕事で力を尽くしたい。こういう人は、本を読む。ジュニアの指針になりたい。こう思える人は、自分の体験や経験におさまらない多様な世界の事柄を熟知するために、読書に励まなければならない。

3　読書は集中力と持続力を養う

読書をするのに、年齢は関係ない。定年後は、存分に時間がある。読書にもっともふさわしい季節は定年後である。ひとまずはこういおう。「晴耕雨読」という言葉も古くからある。

しかし、残念ながらというべきか、当然というべきか、高齢期から読書を（はじめて）開始するのは、考えられているほど容易ではないのである。

読書は、音楽や絵画、テレビや映画鑑賞とは異なる。極端にいえば、後者は、「ながら」でも可能である。映像や音が対象のほうから「おのずと」やってくる。これに対して読書は、読者（主体）が能動的に対象（書物・活字）に働きかけなければ、不可能なのである。もちろん、これは両者の区別を際だたせてのことである。音楽や映画鑑賞をおとしめようとしていうのではない。両者は、精神的活動の向きが異なる、といいたいのだ。

現役時代、読書に憧れ、相応に読みたい本を集め、定年後に読もうと着々と準備している人がいる。退職金の一部をはたいて、念願の書斎も増築した。いよいよ今日から、出勤しなくともいい。念願が実現する。そう思えて、本を机の上に開いて読みはじめたら、活字が目に入ってこない。すぐに眠たくなる。書斎は体のいい昼寝の場所に変じてしまう。

何、長年の勤めの疲れが出たに過ぎない。少し休めば、おのずと読書に集中できる。最初は、こう思えるだろう。しかし、一年過ぎても、二年経っても、読書欲は湧いてこない。それればかりではない。読書ばかりか、書物が疎ましくなる。こういう人はいないだろうか？

私の最初の段階の読書は、文学部に入った、相応に本を読まなくては恥ずかしい、という程度の知的アクセサリーとしての読書が、大きな部分を占めた。マルクス主義者になった。コミュニスト仲間が読んでいる本を読まなくては、恥ずかしい。こうも思えた。だから、かなり無理な読書から始まったのである。

しかし、この無理な、自然に湧き起こる読書衝動ではなく、半ば以上に強制的な読書欲から、読書の楽しみが、読書がないと気持ちが泡立つような時期が続くのである。おそらく、平凡な人間たちの読書経験は、私と大同小異ではなかろうか。最初は「強制」的だった、ということだ。

鷲田は、研究者をめざしたから、必然的に読書をしたし、読書をせざるを得なかった。こう考えられるかもしれない。しかし、私の周りに、先輩後輩を含めて、研究者はたくさんいるが、読書に熱を上げている人は、稀である。

読書には、たんなる自発的な衝動では不十分である。精神を集中し、その集中を持続する力が必要なのである。この精神の集中と持続の経験がなければ、どんなに素晴らしい名作でも、読んでも読んでも厚ぼったい壁に対面しているような気がするだけである。

定年後、時間があるから、それでは読書へ、とは簡単にゆかない理由である。

体力はなくなったのか?

読書の経験のない人が、定年後、突如読書をはじめようとしても、容易ではない、といった。では、不可能なのか? そんなことはない。

歳とともに、体力は減退してゆく。これは不可避な行程だ。誰も止めることはできない。こう誰もが思っているだろう。本当だろうか？　しかし、そもそも「体力」とは何か？　ちょっと立ち止まって考えてみよう。

「体力」というと、一般的には、肉体の力、と考えるだろう。これに対するのが、精神力である。しかし、胃や腸と同じように、脳も体力の「一部」である。問題は、働きが異なることである。

それに、よく知られているように、体力、とりわけ筋力は、かなりの高齢でも、トレーニングしだいで、鍛え直すことができる。脳力も同じである。

たとえば、渡部昇一先生が主張し、書いてもいるように、「記憶力」はトレーニングしだいで、六〇代でも、あるいは、七〇代でも、強化可能だそうだ。実際、渡部先生自身が、私の目の前で、ほとんど知られることのない木戸孝允の「偶成」という漢詩をすらすらと書いて見せたことがある。五〇代より七〇歳になってからのほうが記憶力に磨きがかかった、と先生はいう。

渡部先生は、独特の方法で、肉体のほうも鍛えている。記憶力に生じたことは、肉体にも生じていて、四〇代の時よりも体はずっと柔らかくなっている、といわれる。

したがって、問題は、第一に、自分はもともと記憶力が弱い、第二に、歳とともに記憶力が減退してゆく、こう思い、トレーニングを諦めてしまっていることにある、と強くいう。その通りだろう。

読書力を鍛える訓練をしてこないまま、急に読書にいそしもうとしても、土台、無理なのである。それは、短距離を走る訓練をせずに、急に全速力で走ろうとするのと同じことなのだ。よくても、転んで骨折するか、悪ければ、心臓がパンクしてしまう。つまり、危険な所行なのである。

急いではダメだ。これは年齢に関係ない。ジュニアのときには、「蓄積」がないから、どんなに急ごうと思っても、無理であり、実際、無理と思えてしまう。ところが、シニアになると、過去の蓄積がある。その分、何とか無理をすれば、急場を凌げると思いがちになる。結果は、出鼻をくじかれ、骨折入院ということになりかねない。

私が薦めたいのは、エッセイやコラム類の割と楽に読める本からはじめて、囓りこたえある本へと徐々に駒を進めてゆくことである。これは硬い岩だな、と思えたら、無理に割ろうとせずに、いったん戻って、別な、もっと見晴らしのいい本に当たることである。

最初から、世界の名著、古典に挑むなどは、無謀の誹りを免れえない、と思い決めよう。カントやヘーゲルなどは、およそ数百人の読者を対象に、書物を書いているのである。ドイツ人にさえ、難解であるだけでなく、専門研究者以外は、ほとんど手に取らない代物だ、といったんは軽く見過ごしていいのである。

つまりは、最初は、本に慣れることが重要なのである。急がない、急がない、が肝要である。

思考を集中し、持続する力が必要

読書力の焦点は、集中し持続する思考力である、といった。これは思考力にかぎったことではない。何か「ひとかどのこと」（サムシング）をしようと思えば、集中力が欠かせ得ない。しかも、その集中力が続かなければ、たいしたことをなし得ない。

最近、テレビの生番組に出て、公務員のリストラが必要だ、といった。すぐに、ファックスで反論がきた。

「私の主人は公務員です。毎夜遅くまで仕事をしています。必要なのはリストラ（職員の削減）ではなく、増員だと思います。」こういう主旨のものだった。

この人の主張は「事実」だろう。しかし、私の回答はこうである。

「夜遅くまで仕事を続けなければならないのは、要領が悪いというか、能力に問題があるのではないのか。まずそう考えてほしい。むしろ、超過勤務手当の支給で、税金をムダにしていないか。」

公務員は公僕である。国民の従僕（サーバント）である。ところが、公務員はオーナーの顔をして住民に向かっている、というのが実情である。たしかにサービスはひところより改善されてきたが、基本的には、公務員はサービス業に必要とされる訓練を自分に課していない。その能力も十分に発揮していない。私には、そう思える。公務員のスタイルで、民間のサービス業に携わったら、何割が生き残れるか、考えてみるがいいのだ。

仕事に集中する。その集中力を持続する。それができるためのトレーニングを公務員たちはどれほど積んでいるだろうか？　これが私の疑問であり、公務員に対する批判である。

しかし、思考力の集中とその持続は、誰もが経験しているように、簡単ではない。そのための訓練も、何か闇に雲をつかむような行為に似ている。はっきりしない。こう思えるだろう。

私が勧めるのは、誰もが一度は通る道、受験勉強をすることである。受験勉強に必要なのは、コツコツである。それも、漫然とではなく、ノルマを課して、集中し、持続することである。

一時間だけなら、思考を集中し、持続することは、誰にでもできるだろう。ところが、三時間になると難しい。八時間になると、殺されてしまう、と悲鳴を上げるだろう。

一度に八時間集中を持続することは、よほどの人でも難しい。最初は、インターバル・トレーニングでゆくしかない。

インターバル・トレーニング（interval training）とは、スポーツの練習法の一つで、一定の間隔で全力を出すことと力をぬくことをくりかえし、耐久力（持続力）とスピード（集中力）をつけるやりかたである。

一時間、ガンガンやったら、一時間ぶらぶらする。徐々に、一時間を、一時間二分に、三分にあげてゆき、それに比例して、ぶらぶらする時間を減らしてゆくやり方だ。そして、このやり方の秘訣は、この増減を一挙に実現しようとしてはいけないことにある。

これを半年も続けたら、受験生でも、（シニアでも、初心者にもかかわらず、）思考の集中力と持続力を身につけることは、そんなに難しくないだろう。一年、二年と続けたら、おのずと基礎体力＝思考力がついてくる。

受験勉強ほどつまらないものはない。その内容もつまらない。しかし、受験勉強さえしなかった人の、思考の集中力と持続力は、目も当てられない、ということは承知しておいてほしい。

これは、もちろん、仕事においても同じである。漫然と、ダラダラと、仕事を引っ張っていないか？　こう公務員に問うてみたい。

集中を持続する最良の方法は読書である

インターバル・トレーニングといった。受験勉強より、もっと有効で、有意義な活動がある。他でもない、読書である。

読書には、思考の集中と持続が必要である。これを疑う人はいないだろう。速読法というのが、何度も何度も、一定時期を隔てて、注目される。より短い時間で、書物が伝える情報を的確に理解したい。これは誰もが望むことだろう。

私も、私なりの速読法がある。たとえば、雑誌なら、後ろの頁からめくっていって、飛び込んでくる「言葉」を目安に、雑誌全体のおおよその構成や雰囲気、セールス・ポイントを知ることができる。四〇〇頁ほどの雑誌でも、この間わずか五分である。

しかし、これなどは、おおよそといったが、とんでもない誤読に陥ることもある。その点も勘定に入れての速読である。

表から、一頁一秒程度の速さで目を通してゆく、というやり方もする。裏から目を通してゆくやり方の倍ほど時間がかかる。こうやっても、やはり「おおよそ」書いてあることの見当はつく。

しかし、こういうのは「影絵」を見るのと同じである。輪郭（アウトライン）だけのことに過ぎない。こういうやり方で思考の集中力を図っても、さしたるものは出てこない、と私の経験則は語る。苦し紛れの便法に過ぎない。語られるさまざまの速読法は、これと大同小異である。

したがって、世にある速読術を、読書法の一つとは、私は考えない。「本はじっくり読むべかりけり」の一押しでゆけ、というつもりはない。しかし、本はそこに著者と読者の知的格闘が用意されている「リング」である、と思いたいのだ。

読書においては、読者もたった一人、著者も丸裸で対面する。読書は、本質的に孤独な作業なのだ。だれかが読んだものを聞くことがあっても、それはあくまでも、「触り」であり、「概要」に過ぎない。それは読書（本を読むこと）とは異なる。

だから、たった一冊の本を読むのでさえ、けっして少なくない時間と、集中力と持続力が必要である。本に熱中してゆくと、おのずと時間を忘れるほど、集中が持続していることになる。

私は、どんな本を読む場合も、鉛筆を忘れないようにしている。線を引くとか、印をつけるとか、書き込みをするための用意ということもある。しかし、そういうことも含めて、鉛筆を持つと持たないとでは、集中度が異なるのである。鉛筆を持つことで、本に対して、おのずと前向きになる。

だから、まず読むべきは「熱中」できる本である。自分が熱中できる本を見出すことである。

さあ時間ができた。本を読むぞ、と手にしたとたん、あくびが出てしょうがないのは、読書力に欠けるところがあるばかりではない。熱中するに足る本を手にしていないからである。

どんな種類の本でもいい。熱中できる本を見出したら、その関連の本を読んでゆこう。そうやって、思考の準備段階を経ると、前に戻って、当初読もうとした本に対面してみるといい。やはりあくびが出るだろうか？　もし、どうしようもなくあくびが出るのなら、再度その本は棚上げしよう。

熱中できる本を読んでゆくうちに、時に、これはちょっと苦手だな、と思える本にも手を出してゆこう。一つだけ秘訣を教えよう。

熱中できる著者の本で、専門的な本、自分の好みの範囲に入らない本を読むことである。熱中できる著者の本は、思考の生理がフィットするのである。そのため、少々苦手と思えるテーマの本でも、思っていたより楽に読みこなすことができるものだ。

第二章　読書環境論　「どこで読むか」は重要だ

1　自室で読む

本をどこで読むか。シニアにとって、これは考えられている以上に大きな問題である。

若いときは、どこでも本が読めた。電車のなかでこそよく読めた。混み合っていればいるほど、読書に熱中できた。私は風呂のなかで読む習慣はなかったが、およそ人間が立つことができて、光のあるところなら読むことが可能だ、と思えた。おおよそは実行したのではないだろうか。

いつでも読めた。特に集中できたのは、待ちあわせの時間つぶしの時である。仕事の待ちあわせの時でもいい。あるいは、こんなことがあった。

台風で飛行機の発着が延びて、結局は待合室で一〇時間ほど待機させられたことがある。うんざりだろう。しかし、持ちあわせていた『実録ラスプーチン』（草思社　上下）の大半を読み、飛行機のなかで読み切ったとき、何か大きな得をしたように感じることができた。

しかし、シニアである。電車で立ちながら読むのが辛くなる。待ちあわせの時間でも、特に読書で時間を潰さなくても、という気持ちになる。

一つは、明らかに「体力」の衰えからである。特に目だ。きちっとした照明のあるところ以外では、活字を拾うことが難しくなっている。二つに、特殊な人を除いて、時間に追われなくなって、いま・ここでぜひにもこの本を読まなければ、という強い欲求が減退しているからだ。これがいちばん大きいと思う。

私は、意識したわけではなかったが、小説類でも、自室の仕事机で読むようになった。もうだいぶになる。いまでも寝そべって読むことがあるが、家人が家を空けているときにかぎっている。大きな理由は、ゆったりとした椅子にすわり、きちっとした照明のもとで読むと、いちばん疲れないからである。それ以上に、誰にも邪魔されずに、何時間でも読書に集中できるからだ。

シニアになって、独立した自室があるのとないのとでは、読書の仕方はずいぶん違う。しかし、この日本の住宅事情で、自室＝読書室を持つなんて、とても無理だ。こう思っている人が多いのではないだろうか。

そんなことはない、とまずいいたい。子どもに個室があって、夫や妻に個室がないというのは本末転倒である、というのが私の持論である。子どもが育ち盛りの時は、特に受験期を考えれば、子どもに個室は仕方がないのかもしれない。

しかし、その子どもが自立して、家を出る。空いた部屋を、いつまでも子どもたちが残していった雑物で占拠させておく必要は、まったくない。（などといって、私の家も、息子と娘たちの物で、二部屋占拠されているが。）

私の懇意にしているNさん夫妻は、空いた部屋を、おたがいの独立した「仕事」部屋に改造して、読書を楽しんでいる。賢明なやり方だ。

書物のある人生～「老人クラブ」に行かない人

「老人」（高齢者）というのは、法律的にいうと、六五歳以上をさす。私の知っている老人で、映画や公的乗り物の割引パスを使う人はいても、「老人クラブ」に行っている人はいないのではないだろうか。詳しく問い質したことはないが、間違いないだろう。

老人クラブに行かない人のほとんどは、単独でも、自分の人生の楽しみ方を知っている人である、実行できる人である、といっていいだろう。そういう人のほとんどは、なんらかの意味で読書とつながっている。

もちろん、老人クラブで楽しんでいる人をおとしめようとして、これをいうのではない。人間は、なんらかの意味で、「群れ」なければ暮らしてゆくことはできない。これは事実である。しかし、単独で時間を過ごす術を知っている人とそうでない人とでは、生き方がかなり異なる、と思える。

シニアになって、仕事を続けようが、完全にリタイヤーしようが、いちばん辛いのは、人間関係が疎遠になってゆくことだろう。その意味でいえば、「老人クラブ」は、そこに行って「心」を開きさえすれば、「仲間」との楽しい時間がある。これはこれで素敵なことだろう。

しかし、幼児に「幼稚園」がある。老人に「老人クラブ」がある。私には、この二つを同列にながめてみたくなるのである。どちらも、「福祉」の対象であり、広い意味で「お仕着せ」である。私の友人先輩のシニアたちが、どうしても老人クラブに馴染めないのは、「老人」と思われたくない、自分でそれを認めたくないからではなく、いまさらお仕着せの人生はごめん被りたい、と思うからにちがいない。私はこのように理解する。

私の母は、脳梗塞で半身不随になって三年、八六歳で亡くなった。その間、戦争を挟んで、六〇年以上を、婦人会をはじめとする地域活動に費やした。その活動力は、凄いな、と息子から見ても、思える。晩年、車椅子とベッドの生活になった。意識活動はしっかりしていた。もし母に読書の習慣があったら、書物に囲まれる生活が可能であったら、この最晩年はどれほど変わった人生になっていただろう、と切実に思える。

誤解してもらいたくない。読書のある人生が有意義で、ない人生が無意義だ、などといいたいのではない。書物のある人生は、たった一人で過ごすのにもっとも適した、しかも、楽しい時間を約束する、といいたいわけだ。

「若い人が読書をしなくなった」という指摘は、事実と異なる。しかし、もしそうであっても、そんなに恐れる必要はない。若い人には、読書をする必要＝必然が欠けているからである。読書がなくとも、いきいきと生きてゆけるからだ。

本当に怖いのは、「シニアが読書をしない」ということだろう。シニアにとって、読書のある人生と、そうでない人生とでは、彩りが大いに異なるからだ。たった一人でも楽しく生きる時間を無尽蔵に持てるのは、読書をおいて他にない。

書斎のある人生～本は自分で買え

「書物は、自分で買って、読め。」多くの読書家が異口同音にいう。私の持論でもある。しかし、残念ながら、私の周囲でも、これぞと思える本（たとえば大西巨人『神聖喜劇』）でさえ、自分で買って、読もう、という人は、少ない。

何、本は、身銭を切ろうと、借りて読もうと、「読むこと」に変わりがあろうはずがない。自分で買うと、むしろ、置き場に困るのではないか。借りて、読んでしまえば、返すほうが、合理的（リーズナブル＝安上がり）である。こう思われるかもしれない。

しかし、自分で買わない読書は、第一に、身につかない。ただで酒を飲むのになれた人は、酒の有難味がわからない。同じように、ただで本を読もうという人には、本の有難味がわからない。本が持つ独特の文化的価値がわからない。こういっていいだろう。

第二に、本を読むと、自分の物（専有物）に思えてしまう。勝手に線など引いてしまう。そんなのはまだかわいいほうで、持ち主に返却したくなくなる。私は、あると思って書棚を探しまくるが、見つからないのは、きまって寸借された本である。誰に貸したか、いまではもうわからない。他人の不作法というか、窃盗の類を難じているだけではない。私の書庫にも、貸し主のわからない本がかなりある。貸し主がわかっていても、いまさら返したくない、返すわけにはゆかない本も何冊かある。

第三に、読書に親しむ人が、晩年というか、シニア時に、自分の身の回りに本がないと、とても淋しく感じるものだ。しかも、こういう人には、本を買う習慣が身についていないから、淋しく感じても、買うことをしないのである。

自分で買ういい方法がある。

家を広くすると、持ち物が増える。これが生活原則だ。それで、書物を買うためには、書物を入れておく「書棚」をまず持つことを勧めたい。できれば、書棚を収納する「書斎」（書庫）があると、もっといい。書斎に本がないほど、寂しいことはない。これは、一種の「見栄」ともいえるが、構うことはない、精神的行為には、見栄がつきものなのだ。人間の衣食住を見るがいい。「見栄」というか「装飾」を抜きにはありえないだろう。知的行為に見栄がなくてどうする、といいたい。

書斎といっても、なにも大げさに考える必要はない。単行本一〇〇〇冊程度入る書棚があればいい。六段のスティール棚で、六本見当である。なにも書物持ちになることを勧めているわけではない。

一〇〇〇冊あれば、一日一冊読むとして、三年は持つ。二日に一冊ならば、六年だ。ゆっくり楽しんで、一週間に一冊なら、二〇年間である。スゴイではないか。これしきのことで、二〇年間過ごすことができる一本の柱ができるのである。六〇歳からでも、八〇歳までの最低の人生設計の一端を立てることができる。

えっ、一〇〇〇冊を超えたらどうするかって？　当然、書棚を増やすことを勧める。書棚を一本増やすごとに、四年分の人生表ができると考えたら、楽しくならないだろうか？

読書は贅沢だ～読書は、簡便で最高の精神生活である

そう、読書は「贅沢」なのだ。

「贅沢」を『広辞苑』（第四版）で引くと、〈⑴必要以上に金をかけること。分に過ぎたおごり。「――な暮し」⑵ものごとが必要な限度を越えていること。――ざんまい（贅沢三昧）――ひん（贅沢品）〉とある。何か、贅沢は人間の生存にとって「敵」のような記述ではないか。

『新明解国語辞典』（第五版）には、この⑴⑵の他に、⑶がある。〈望み得る最高の状態が実現され、それ以上を期待することは無理な注文だ（欲が深過ぎる）ととらえられること。また、その様子。「この大自然の懐に抱かれて鳥や花と暮らす――な楽しみは、都会暮しの人間にはわからないだろう／こんな――な配役をそろえた芝居を観るのは久しぶりだ／この大学では学生のクラブ活動の部室もかなり――に〔＝十分に余裕のある広さに〕とってある／たまには思いきり――に〔＝もうこれで十分だというほど〕眠ってみたい／年末・年始の休暇に海外旅行をするかどうかで迷っているなんて、ずいぶん――な悩みだ」〉

さすが「明解」さんだね。

読書は、老人の生存にとって、「望み得る最高の状態が実現され、それ以上を期待することは無理な注文だ（欲が深過ぎる）」につながっている。これが私の読書に対する思い入れである。私的、主観的な思い入れではなく、人類が読書に対して抱いてきた「理念」である、といっていい。

何か大げさに聞こえるだろう。その通り。つい最近まで、読書はほんの一部の精神的貴族に特有な物とみなされてきたのである。あるいは、「書物」とは貴重品で、「蓄財」の対象になってさえきたのである。したがって、一般庶民にはとうてい手の届かない、文字通りの「贅沢品」であった。

ところが、読書は普通の人の普通の生活の選択肢の一つになった。書物は、普通の日用品の一つ、しかも、けっして高くないものの一つになった。誰でも、望みさえすれば、いつでも・どこでも、望みの本を購入し、読むことができるようになったのである。

といっても、読書は、人間の精神生活で、あいかわらず独特の「贅沢さ」を持っている。個人が単独で享受できうる最上の精神活動である、といっていいだろう。特にシニアにおいて、然りだ。

ところが、多くの人は、住居や衣食に、相当の金を使い、労力を費やすのに、簡単に手に入る読書には、さしたる金も、労力もかけないのである。たとえば、自動車である。ちょっとした車でも二〇〇万円はする。五年に一度、それを買い換える。

いま、二〇年分の本、一〇〇〇冊といった。一冊一〇〇〇〜二〇〇〇円見当としても、車一台分にしかならないのである。

もちろん、私は車なぞやめて、代わりに、本を買えなどといいたいのではない。テレビなどつまらない。そんな物を観る暇があったら、本を読め、といっているのではない。車には車の、テレビにはテレビの独特の「快楽」がある、というのは私の変わらない意見である。意見であるだけでなく、私はその実践者でもある。

私が強調したいのは、本に対しても、自動車やテレビに対すると同じように、心をいたす必要がある、ということだ。この最上で貴重な贅沢、知的快楽を欠落させてほしくないのである。

2 本屋で読む楽しみが消えるか？

本を購入することが、本当に容易になった。しかし、これは、ここ数年の実感である。

ひところ、本屋に行っても、めざす本が見つからない。売れ筋の本しか売っていない。専門書コーナーは、どんどん縮小され、ついに姿を消した。

私の専門の哲学分野は、宗教本や心霊《スピリチュアル》本というような一見して「怪しい」本と一緒に分類されてきた。それでも哲学はまだいいかもしれない。経済学や法学関係の専門書は、ビジネス書のなかに紛れ込んで、独立の棚を持たない。そんな書店がどんどん増えている。大型店においても、この傾向は変わらない。

しかも、大型書店の出現によって、地元密着型の書店がどんどん淘汰されてゆく。本は、都心の大型店か、車でしか行くことができない郊外の大型店でしか購入できなくなった。

通勤の帰りに立ち寄ったり、暇つぶしに下駄履きで尋ねる書店は本当に少なくなった。本好きで、本の将来を心配している人は、こう憂いてきた。

事実、本は本屋にあふれているのに、買いたい本がない。新刊書でも少部数の物は、一度も本棚に並ばない。こういう事態が、ある時期から続いている。

それに、一般の新刊書でも、本屋に並ぶのは、一週間、せいぜい長くて一月程度で、一度買う機会を外すと、とてものこと二度と手に入れにくかったのである。

これは、本屋をもう一つの「書斎」と考え、そこに行って、各種の本に接し、知的刺激を受ける習慣を持ってきた者にとっては、ゆゆしきことであった。

ところが、本のインターネット販売がはじまった。「アマゾン・ドットコム」や「セブンアンドアイ」等では、現に流通している本「すべて」を検索可能にし、一定額以上は送料無料にして、購買者の手に確実かつ迅速に届くようにしたのである。

それに、古本のインターネット販売がはじまった。「日本の古本屋」等で、めざす本を検索し、簡単に購買できることになった。「アマゾン・ドットコム」も古本販売にも本腰を入れはじめた。

誰でも・どんなところからでも・いつでも、迅速確実にめざす本を探し、買うことができる時代になったのである。しかも古本ではかなり安価にだ。驚くべきことといわなければならないだろう。

しかし、直に本を実見し、触り、頁を開いて本を買おうかどうかを決める。これが本好きの楽しみであることには変わりはない。通販では、これが不可能である。

本屋に足を運び、本を実見し、触れ、頁をめくって読む楽しみは、本を読もうというほどの人すべてに備わった習性と見ていいだろう。特に、時間的余裕のあるシニアの習性だとみて間違いない。これが失われつつある。どうしたらいいのか。

本に触れる楽しさ

書物の基本は活字である。しかし、本は、もちろん活字以上のものである。買われ、読まれ、手になじむようなものでなければならない。洋服が体に合うのとは少し異なるが、買おう、読もう、ということになるためには、内容だけではなく、実際に本と対面し、じっくり手に取って、気に入る必要がある。つまり、活字を取り囲む装丁、活字のレイアウト、紙質、厚さ、その他その他に買い手の目線がいって当然なのだ。

学生時代、大阪駅前のバラック建ての旭屋書店にゆくのが楽しみだった。そこには、未知の知的財宝が埋まっているように思えた。特に「別館」の専門書コーナーは、人もまばらで、そこで本を引き出してはめくり、時には、数一〇頁を読んだりして、時の経つのも忘れる程だった。一九六〇年代のことである。

当時、私の懐はからっけつで、本代にも不如意であった。

一九七〇年、大阪万博開催とともに、大阪は大変貌を遂げた。さしずめ私にとって喜ばしかったのは、阪急梅田駅に接して、紀伊國屋書店ができたことだった。大阪最初の大型書店の登場である。阪急デパートの入り口に、本のデパートが現れた、という感じで、本を買わないといわれてきた大阪人が、ここで本を買う激しさ、買うスピードは、尋常のものではなかった。パンを売るように本を売る、と形容された。そして、客は若者中心で、圧倒的に学生とサラリーマンが主体である。

たしかに、本を買うのには便利になった。しかし、本にゆっくり触れる時間的余裕は、逆に、奪われてしまった。ひっきりなしに客が行き過ぎる。そのめまぐるしいこと。そこでゆっくり本を開いて読めるところといえば、洋書コーナーだけではなかったろうか。これは、その後登場する大型店、いうなれば本のデパートに共通なものとなった。八重洲ブックセンター、神田三省堂、札幌紀伊国屋、その他その他、例外なくそうである。

大型店で、本にゆっくり触れ、買うべき本を選定し、持ち帰ると、それだけでどっと疲れる。若い人には、そんなことはないだろう、シニア特有のことだろう、と思われるかもしれない。しかし、四〇代から、私は必要最小限度しか、大型店に行かなくなった。その場合も、たいていは、新刊書でどれが売れ筋かをモニターするためである。

心ゆくまで望む本をゆっくり触れる楽しみを味わうことが難しくなったのは、大型店にかぎらない。都心にある中・小型店でも同じようなのである。

本屋も商売である。本が売れてはじめて存続可能なのだ。売れ筋のものを、一度に、どっと売る、が基本になる。私が好む、客の少ない、静かな書店などは、とうていビジネスとして成り立たない。すぐに消滅してゆく。したがって、シニア専門のような書店を望むのが無理なのである。

だから、いえるのは、せいぜい、本に触れる楽しみは新刊書にかぎられる、ということだろう。

大型店で新刊書を読む

大型店に入ると、どっと疲れるといった。まず、未知の新刊書の洪水に圧倒される。

フィレンツェにあるウフィッツィ美術館を訪れたものなら、その既知・未知の絵の多さに圧倒される。二時間もすると、眼底の奥まで痛くなる経験を持つ。これと同じことだ。

しかし、この疲れには、未知のものにであって興奮した、知的活動の結果が含まれている。これは、疲れとはいえ、誰にとっても心地よさがともなう。

大型店の入り口には、平台が並んでいる。そこにはベストセラー本に混じって、売れることを待ちわびている注目度の高い本が平積みされている。神田の三省堂書店にゆくと、ワゴンというのがあって、巨大なワゴンに、数百冊の同一本が詰められ、通路の中央に置かれている。一度、この書店で、自分の本が、単独ではなかったが、ワゴンに鎮座ましましているのを目撃し、驚愕したことがある。

どっと疲れる第二の理由は、新刊書の洪水にもかかわらず、読みたいという本の数が、本当に少ないことである。ざっとみつめて、眼をつけ、手に取って見るが、なんだこれ、エッこんなんでいいのか、の類ばかりなのである。それでも、レジまで手に取ってゆこうという本は、一〇冊くらいになる。これが重い。どうにかならないか、というのが頭をかすめる。ここで、疲れが倍加される。そして、重さで選別が生じる。重い本を回避するのか、軽い本はいつでも買いに来ることができるから今日は重い方を、というようになるか、である。

売れ筋でない新刊書は、たとえば小説やエッセイ類は、一階の奥に、人文科学系は二階、社会科学系は三階というように、さらに階ごと、コーナーごとに分類されている。そこでまたもや選別と重さで苦しめられる。

などというと、本屋にゆくのは難行苦行のように聞こえるだろう。そうではないのだ。本を直接買おうとすると、難行苦行の類になるが、本を実見し、触れ、買うべき本を選別するために本屋にゆこうと思えば、気はグンと楽になる。それに、養老孟司『バカの壁』（新潮新書　二〇〇三）のような超ベストセラーなどを、およそ五分ほど手に取って、とっくり「読める」という効用もある。

私は、他人に向かっては、ベストセラーは読むべし、無視したり、蔑視するのはとんでもない、というのを常にしてきた。ところが、驚くべきことに気がついたのである。

たとえば斎藤美奈子『趣味は読書。』（平凡社　二〇〇三）は、一九九九年から三年間のベストセラーを取り上げ、ベストセラーを読まない人のために解説・論評した、じつに奇特な本である。五木寛之『大河の一滴』から『世界がもし100人の村だったら』までの四三冊、斎藤さんの本を面白く読んだ。ところが、私はここで取りあげられた本を一冊も読んだことがなかったのである。もっとも、その半数くらいは、斎藤さんが解説してくれた程度のことは、承知していた。実のところ、買わなかった、読まなかったが、書店の新刊コーナーで拾い（盗み）読みしていたのである。（本当に失敬なことだが、犯罪ではないだろう。）

私が、大型店に行く最大の目的は、現在どんな本が、どんな層に売れ、読まれているのかをモニターするためだといった。これは、主として、著者に立っての興味からのように思えるだろう。しかし、そうではないことはおわかりいただけるだろう。超ベストセラーを読むために、ときおり、一月に一度程度、疲れるのを厭わず、大型店に向かうのである。

あなたは、どうだろうか？

時間が余れば古書店通い

本は重い。持ち歩くのがおっくうだ。本屋のあと、たいていは、飲みに行く予定がある。飲むと、たいていのことは忘れる。かならずといっていいほど、買った本も忘れてくる。まあ、慣れっこになっているので、飲み屋では取っておいてくれるが。とにかく、本に対しては、失礼な行為ではある。

とはいっても、本屋で買った本を、近くの喫茶店で開くのは、何とも心躍ることである。時に、開ける準備をしている飲み屋のカウンターの隅で、ビールをすすりながら、ぼそぼそと本を取り出してながめるのは、何ともいえずいいものだ。特に古本の場合、奥付の後に、新刊本や既刊本の紹介（広告）が載っている。かなりのページ数になる。ここを眺めると、手に入れた本がどんな時代状況で世に出てきたのか、何となくわかっておもしろい。

学生以来、関西で二三年間過ごした。間欠泉が噴出するように、時たま東京に出た。心底に知的刺激を秘めた、やむにやまれぬ行為だった、といいたいところだが、本意は、友人と酒を飲むためであった。しかし、せっかくの東京である。神田の古書街を隅から隅まで歩くことくらいはやる。

ただし、私はどうも古書店は苦手で、一度もなじむことができなかった。つまり、通りすがりの一見（いちげん）客に過ぎなかった。それに、ほとんど古書店では買い物をしていない。せいぜい市価よりも安い全集ものを買う程度のことだった。

そうはいっても、古書店に入って、忘れ去られた著者たちの本に対面し、書棚から丁寧に抜きだし、めくってみるのは、何とも感じのいいものに思われた。古書が大事なことがわかるようになったのは、五〇歳を過ぎていた。しかし、そのときはもう、古書店を、丹念に巡る気力は薄れていた。

それに、神田の古書街もバブルの影響を受けて、たいそう変わった。古書の流通方法も、インターネットが普及して、激変した。それというわけではないが、古書店が時間つぶしの場所になった。実際、札幌に戻ってきて、待ち時間をやり過ごすために、よく入るのが古本屋である。そこは、自分の書庫の延長のような感じがする。また、客が少なく、ゆっくりできる。待ち時間場所に利用するだけなら失礼に当たるから、あらかじめ眼をつけていて、三度に一度くらいは数冊買う。

　ただし、ゴミの山のように、未整理の本が積まれている古書店は、願い下げにしてもらっている。ゆっくり本を探したり、本を開いて読むという作業を、端から阻むからである。もっとも、こういう本屋にこそ、「金鉱」が埋もれているのかもしれない、という一抹の楽しみがあるが、私はそこまでの趣味人ではない。

3　借りて読む

「本は借りるな、貸すな」といった。しかし、借りなければならない場合がある。貸さなければならない場合だってある。

　もっとも、私は「先生」筋から（だけ）は本を借りることを、自分に禁じてきた。

第一、先生から本を（ただで）借りるなんて、失礼ではないか。たとえば、大工の親方に、弟子が「鑿（のみ）を貸してください」といったら、どうなるだろう。言下に、ゲンコツが飛んでくるだろう。道具と技術は密接不可分である。たんに道具（鑿）を借りただけではなく、（持ちあわせていない）技術を借りることになるのだ。

第二に、本を貸し借りしたからといって、バターや醤油を貸し借りするのとは違って、減るわけではない、と思うかもしれない。そうではないのだ。部屋を一週間他人に貸しても、何かが減るわけではない、特に部屋の価値（価格）は下がらないだろう。しかし、「一週間部屋をただで貸して」といわれて、「どうぞ」と思える人がいるだろうか。

本を貸しても、本の価値は下がらない。しかし、借りた方は、その本を利用して得をする（価値を増やす）。先生から本を借りるのは、ただで教えを受けるのに似た行為なのだ。そんな虫のいいことを先生に要求できるか。

第三に、貸すと、総じて、本は減価する。さらには、占有権が移る。所有権を失う場合だってある。

私もそうだが、本を読むときは、たとえエンタテイメントの場合だって、鉛筆持参で臨む。傍線を引いたり、書き込みをする。付箋を貼ったり、頁を折り曲げる。等々のことを、本読みなら、ほとんど無意識にする。これは、たとえば、部屋を借りて、畳を汚したり、襖（ふすま）を破ったりするのと同じことだろう。しかも、本の場合は、原状に戻すことは不可能である。

それに、すでにいったが、本を借りて、読了すると、その本は自分と切り離しがたくなる。ドストエフスキーの『カラマーゾフの兄弟』は、どの本を読んでも同じだと思えるだろうか。私は、箱入り上製文庫本の平凡社世界名作全集で読んだ。米川正夫訳（上下）である。箱から出にくい難儀な本だが、これは貸すことができない。ところが、いま気がついたが『罪と罰』も同じ全集で読んでいるはずなのに、書棚にない。「誰だ、持ち出した『犯人』は？」ということになる。

伊藤整の『若き詩人の肖像』（岩波文庫）は、貸してやるから読みなさい、といわれた本だ。いまだに感動した感触が残っている（ように感じる）。印が押してあるこの本を、返していない。返せないのである。それに、自分のことになるといい気なもので、「すでに五〇年余経つ。『時効』だ。ま、いいか」ということになる。

こんな不始末を、友人でも、ましてや、先生にしていいわけがない。

若き和辻哲郎が、キルケゴールの『人生行路の諸段階』（独文）を借りたいと、井上哲次郎（帝大教授）に申し込んだ。ようやく借りることができる。そのとき井上教授は、明らかに書題の「段階」（Stadien）を「研究」（Studien）と誤読して、「この研究はなかなかよくできている……。」と話したそうだ。井上先生は読んでいないのに、解説めいたことを宣ったのである。こう和辻はその著『ゼエレン・キェルケゴオル』で「暴露」している。もっとも、井上教授が亡くなった後の新版序文で、ではあったが。

これは、権威を振りかざしている帝大教授が、その実、驚くほど知的に素寒貧であった例として、よく持ち出される話だ。しかし、その通りだが、私にすれば、どれほど文献がない時代であったにせよ、「先生」に本を借りる非礼をしたのは和辻なのだ。それを度外視して、先生の「学力」の不備を突くなんぞは、和辻特有の「嫌み」と「不遜」以外のものではないだろう。

といっても、先生が、すすんで本を、文献を（読めといって）貸してくれる場合は、別である。むしろ、借りずにおくほうが、失礼だろう。

友人から借りる

「本は借りない」を原則（法）としたい。しかし、あくまでも原則で、法にはかならず「例外」がある。

第一に、金のない場合だ。「若い」ということは、貧しいの別名である。（若いとき、金が潤沢なものは、総じて、本など読まないものだ。）友人が読んでいて、自分が読んでいない本は、借りる他ない。友人も貧しいのだから、借りたら返したい。

しかし、シニアで、本を買うのに窮するほど金を持っていないものは、稀だろう。したがって、シニアは「本は借りない」でゆきたいものだ。金があるのに、本を借りるのは、ケチである。本読みとはいえまい。

第二に、入手困難な本は、借りる他ない。特に専門書はそうだろう。

第三に、入手困難でなくとも、今日、明日というように、緊急に必要な場合は、入手するまで借りる必要がある。

おそらく、友人ならば、第二、第三の場合、貸してくれるだろう。ただし、貸してくれなくとも、恨んではいけない。「本は貸したくない」という原則を遵守するのみならず、「君には本を貸したくない」と思われているかもしれないからである。要するに、君に本を貸せば、不都合が生じる、と思われているのである。「不徳」は君のほうにあるのだ。

また「入手するまで」といったが、入手が不首尾に終わる場合もある。手に入れた新本のほうを返そうと思って、ガンガン書き込みをし、傍線を引いてしまって、取り返しがつかないこともある。

しかし、こんな話がある。（ただし、最近はあまり聞かなくなった。）

月に一度くらい、学生時代の友人が来る。それほど仲良かったわけでもない。最近読んだ本はどうだ、こうだというような、とりとめもない話をして、帰ってゆく。帰りがけに、いつも、本を借りてゆく。一冊だけだ。そんなことが一年ほど続いた後、別な友人に、「お前、最近金に困っているのか？　古本屋で、たしか、お前の蔵書を見たぞ。あんないい本を売るなんて。」といわれる。気がついてみると、本を借りていった件（くだん）の友人、まだ一冊も本を返していない。そのことを友人にいうと、「あいつ、昔の学友の家を訪ねていっては、本を借りて、返さないらしい。気をつけたほうがいいよ」と忠告された。

　急いで、教えられた古本屋にゆく。たしかに、自分の本が書棚にある。それも、四冊だ。全部合わせると、元値の倍以上になる。気がつかなかったが、全部、初版だ。仕方なく買い戻した。

　件の友人がやってきた。本の件を尋ねると、何もいわず、あたふたと帰ってゆく。それから二度と来ない。後で聞くと、古本屋で高値で売れる本を友人の書棚から物色して、その金で飲んでいる、ということだ。

　何とも感心しないことではある。といっても、友人から金を借りたが最後、返さないヤツがいる。心中で「ダチに、返せというのか」といわんばかりに思える。本だって、同じである。貸したら、返してもらえない。借りたら、返したくなくなる。これが人間の習いである。

　たかが本に、こんなに神経を使う必要があるのか、と思われるだろう。その通りだ。しかし、神経を使わないためには、やはり、借りない、貸さない、でゆくしかない。

もし、この例外を破りたいほどの人がいるなら、それは、本当の意味の不可分の親友であるに違いない。

公立図書館で借りる

私だって、公立図書館を利用することはある。港区の芝公園にある「みなと図書館」は、四〇年来の定宿の近くで、簡単な調べものをする場合は、便利である。ただし、本を借り出したことはない。

最近、どの図書館も検索システムが大いに改良された。便利だ。あの図書目録というのが苦手だった。厚くて、字が小さい。その上、最新の著作はなかなか整理されない。対して、パソコンモニターで一発開示できる検索機能は、素晴らしい。

図書館で、売れっ子の著者を検索してみた。驚いたことに、同じ本が一〇冊ほどある。しかも、全部貸し出し中である。

公立図書館は、人口比率の利用冊数を競っているらしい。利用率の高い図書館は、異口同音にいう。利用者のサービスに応えるのが図書館の役目だ。そのためには、利用者から要望のある本を優先的に購入し、サービスの向上に努める必要がある。こう、誇っていう。

利用者の要望が多い、ベストセラーを大量に購入したら、図書館の利用率が上がること間違いない。しかし、こんなことをしていたら、公立図書館の自殺行為になるのではないのか？　本をただで読むサービス機関になりさがる。

公立図書館の第一義的な役目は、個人で購入したり、収蔵できない種類の文献や資料を集めることである。

もちろん、国立国会図書館を除けば、網羅的に図書刊行物を収集し、収蔵するということは、どんな大規模図書館であれ、不可能だ。したがって、特種には、その図書館（だけ）が集めることのできる著作物を収蔵する、という役目がある。たとえば、市町村史であり、その地域の歴史にまつわる文献・資料である。可能ならば、歴史にかかわる人物を知るための文献資料である。

ところが、市町村のどの図書館も、残念ながら、この重要な役目を果たしていないのである。はっきりいえば、ほとんど果たしていない。たとえば、私が住む長沼町出身に、戦前の日本共産党の最後の中央委員長の野呂栄太郎がいる。残念ながら、立派な建物の町立図書館には、野呂さんの文献は、野呂さんの著作（全集）二冊を除けば、二冊しか収蔵されていない。これでいいのだろうか？

じゃあ、公立図書館はどうしているのか。もっぱら、住民の要望に応える図書購入を優先させることに終始してしまっている。それで、購入要望の多い、ベストセラー作家の同一本一〇冊などということも生じるのである。

公立図書館は、地域住民の読書欲を喚起する先導役を果たさなければならない。こういわれる。しかし、私は、こういう意見には賛成できない。日本は、食料難にあえいでいる貧困国ではない。したがって、日本に、無料給食センターは必要ではない。同じように、利用者がただで本を読めるセンター（図書館）も必要ではない。

自分の力で買うことができる本は、自分で買って、読む。これが日本人の大人のマナーである。本読みのマナーだ。ところが、公立図書館は、本来の役目を忘却し、無料給本センターであることに、得々としているのである。

少なくとも、大人は、特に熟成したシニアは本に対して、このようなマナーで臨んではならない。

大学図書館を利用する

図書館は、本を読むところとしては最適である。静かで、空調設備が完備している。それに広くてゆったりする。気兼ねなく、存分に読書を楽しむことができる。さらに、新聞雑誌類もあるから、疲れたら、息抜きに手に取ることができる。

ところが、公立の図書館は、残念ながら、中高大受験生のたまり場になっている。「けしからん。」と嘆いても、もう五〇年以上続いている。改まる気配がない。図書館で、本を読むことはなかば断念するしかない。

それで勧めたいのは、大学の図書館の利用である。

もちろん、大学の図書館の利用者は、在学生、教職員、それにＯＢ（卒業生）に限定されている。ＯＢで後援会に入っているのなら、問題がない。また、ＯＢの父兄や、まったくの部外者でも、特に教職員の「推薦」（保証）があれば、書籍の閲覧や貸し出しが可能な場合がある。

最近の大学は、地域住民へのサービスに配慮するようになっている。入館、閲覧、貸し出し条件をクリアーしない人でも、近くの大学に出向いて、利用の可能性を試みてもいいのではないだろうか。大学が、「条件」を楯に、地域住民を閉め出すだけに終始する時代は終わったのである。

大学の図書館は、予想以上に広い。がやがやしていない。専門図書が豊富にある。特に個人全集や学術的基礎資料というような、特殊な分野の文献や資料を内蔵している。

もちろん、静かで、空調設備は完備しているし、清掃がゆきとどいている。利用者のマナーは、総じて、いい。それに、研究を加味した読書の場合は、個室の利用だって可能だ。

さらに、意外でもなんでもないが、大学の図書館は、国立国会図書館をはじめ、全国の図書館とオンラインでつながっている。この書籍は、どの図書館に収蔵されているか、一発で検索可能なのである。もし、求める書籍がその図書館になければ、特殊な書籍を除いて、収蔵している図書館から貸し出しの仲介をしてくれる。

ところが、大学の図書館を利用する人は、少ないのだ。大学と地域との関係は、相互に結びあい、助け合う時代になっている。情報社会である。大学が地域の情報センターとして機能することを期待されている。図書館を介して、大学が地域住民に開かれる意味は大きいのだ。

試みに、大学を卒業した人も、そうでない人も、一度図書館を訪ねてみることを勧めたい。大学図書館が、大変貌しているのに、驚くに違いない。こんなにも手近に、便利で、快適で、利用度の高い施設があったのか、と再認識するのではないだろうか。

第三章　本の探索はインターネット通販で

1　インターネットは難しくない

私たちは、情報社会に生きている。情報社会の開始は、一九六〇年代にさかのぼるが、まだインターネットなどというシステムは存在していなかった。コンピュータは登場していたが、個人がパーソナルに持ち運び可能な「道具」になる、などとは予想されていなかった。

この情報世界、あるいは、システムに、シニアがとまどうのは当然である。しかも、日本に、これほど急速にインターネットが普及し、さまざまな情報がインターネットを介して、迅速、大量、かつ、正確に、そして、安価に流通するようになろうとは、どれだけの人が本気に信用していただろうか？

ところで、読書とインターネットによる情報収得を、対立視する人がいる。はっきりいって間違いだ。少なくとも、シニアにとってはそうだ。

吉川英治の出世作に、大正一五年から昭和二年にかけて新聞連載された長編『鳴門秘帖』がある。最近、「平凡社現代大衆小説全集9　吉川英治集」（昭和三年）で読んだ。一二〇〇頁余の長尺ものだ。この本も、一〇〇〇円で、インターネットの古書通販で買った。

何度も映画化された。主役の美剣士法月《のりづき》弦之丞を、鶴田浩二が演じた東映作品は知っていた。しかし、検索エンジンで「鳴門秘帖」を引き、出てきた情報ページの中から、「配役宝典」をクリックすると、「見返りお綱」の女優役者名が出てきて、映像化された作品名がずらずらと出てきた。別な情報ページで、主役は、嵐寛寿郎、長谷川一夫、鶴田浩二等が演じていることを知る。テレビシリーズは、四回ある。ここまで知るのに、わずかに五分とかからない。

吉川英治といえば、『宮本武蔵』である。それでも、私の頭が『鳴門秘帖』

へと反応したのは、幾度となく繰り返された映像化と関係がある。特に、虚無僧姿の鶴田浩二の顔が忘れられなかったからだろう。

などというと、古い記憶に浸っているようだが、そうではない。埋もれてしまった古い記憶が、インターネット情報によって、呼び起こされたのだ。

何層にもわたって積み重なって、埋もれてしまった、私のようなシニアのほとんど失われかけていた記憶を呼び覚まし、新しい意味と感興を与えてくれる魔法の媒材が、インターネットに他ならない、といっていいだろう。

しかし、新しがり屋の人は別として、パソコンで、インターネット、メール、ワープロを動かすのは、非デジタル時代に教育を受け、仕事をしてきた老人にとっては、困難だ、と考えるだろう。

いまさら、そんな難しいことに挑戦し、技術を習得しなくたって、何不自由なく生きてゆける。こう感じている人も多い。むしろ、インターネットをすると、それでなくとも過多気味な情報洪水に身を投じるようなものだ。パソコンをすると、思考も文章も機械的（単調で情緒不足）になり、漢字をどんどん忘れてゆく。メールをすると、手紙の個性が消える。むしろ、マイナスのほうが多い。こう思う人は少なくないだろう。

　従来のハンドメイク、ローテクのよさを失わないためには、むしろ、ハイテクになじまないほうがいい。こういう人がかなりいる。

　たしかに、ワープロ、インターネット、メールを実際に使用可能状態にするために、さまざまな機能をパソコンに組み込んだり、インターネットの管理会社や通信会社に接続するのは、簡単ではない。しかし、こういうことを、自力でできるといいとは思うものの、自分ではしない、というのが私の流儀だ。自動車の構造を知って、エンジンを調整したり、電気系統の整備をしないのと同じである。運転技術を習得する必要があるだけで、あとはキーを回せば、発車オーライなのである。パソコンも同じである。

　パソコンを自在に操るには、多少時間がかかる。しかし、多少である。メールもインターネットも、誰にでも簡単にできる。

　たとえ、ワープロを使わない人でも、メールとインターネットを使うだけでも、情報収集力は、まったく違う。特に読書に関してはそうだ。それも、老人に関しては、特にそうだ。この点を簡単に了解してもらうために、いくつかの点を述べてみよう。

インターネットはワープロ、メールより易しい

◆ワープロ嫌いな人

友人のNさんは、八三歳。読書好きであり、ものを書くのが大好きである。著書は、六〇代から書きはじめて、八冊ある。そのNさん、大のワープロ嫌いである。特大の電子メール嫌いである。

一、原稿用紙に、万年筆で書かないと、きちっとした文章が書けない。
二、手紙は、自筆で書かないと、失礼である。

これに付随する、Nさんのワープロ、メール拒否理由をあげれば、きりがないが、要約し、凝縮すると、こうなる。Nさん、十分に新しがり屋である。それに、機械音痴である、と自認するのが癪であるらしい。我が日本の文章道の伝統美を保持することこそ尊けれ、という風なのである。

しかし、Nさんが、非常に賢明なのは、「私は万年筆で書くのが好きだ」の一点だけを主張することだ。「好きなもの」はどうしようもない。万年筆で書くことは、他人に害を与えない。そんな万年筆を、Nさんから切り離すことはできない。しかし、半畳を入れてみよう。

私も、万年筆が好きなことでは、人後に落ちないのではないだろうか。半ペラ（二〇〇字詰め原稿用紙）の升目を、一字一字埋めてゆくのは、何とも気持ちのいいものである。ただ、万年筆使用には、もうどうしようもない欠点があった。

一、手書きは、指や腕が疲れ、痺れ、原稿用紙で一〇枚分も書くと、まともな字は書けなくなる。三〇枚も書き続けると、万年筆を握ることさえできなくなる。（大量に書く人は、指と万年筆を包帯でぐるぐる巻きにして、万年筆が指から離れないようにしたそうだ。）

二、万年筆は、非常にデリケートな道具である。

①太さ、長さ、重たさがしっくりしなくては、長時間、気分よく書くことができない。もちろんデザインがいいに越したことはない。

②もっとも微妙なのは、ペン先である。堅さ、太さはもとより、インクの出ぐあいである。この三拍子が揃うためには、新品ではダメだ。使い込んで、馴染んでいなければならない。ところが、馴染んでも、長く使うと、ペン先が太くなりすぎ、インクのボタ落ちがはじまる。

この難点を解消するために私が最終的にたどり着いたのは、自分の手にしっくり合う万年筆を使っている人を見つけ、モンブランの新品と交換を迫るというものだ。そうやって、自筆用の万年筆を手に入れた。

しかし、二五年前、ワープロにであってから、愛用の万年筆は、全部ホコリを被っている。当時、ワープロ専用機は、実に厄介な代物だった。特に厄介だったのが、プリントするときや、フロッピーディスク（FD）に保存するときだ。それでも、万年筆で書いているとき味わった難儀より何倍も楽だった。ワープロ専用機からパソコンのワープロソフトに変わり、メールを利用するようになって、そもそもプリントアウトする必要がほとんどなくなった。FDも、自己保存用に必要になるだけになった。それも、いまはコンパクトディスク（CD）やユーエスビー（USBメモリー）に変わった。

万年筆からワープロに移った人で、万年筆に戻った人はいない、と谷沢永一先生はいう。だから、私はワープロにはゆかない、ゆきたくない、というのが谷沢先生の弁である。

しかし、一度ワープロの便利さを味わったが、便利さが文章力を弱めている、と悟って、もう一度万年筆（筆記用具）と原稿用紙に戻ろうという人たちが、気炎を上げている記事を新聞紙上で読んだことがある。

新しい技術の「便利さ」を選ぶと、古い技術の「よさ」を失う。これは本当である。ならば、そう考え、実践できるだろうか？

日本人の多くは、筆に墨を含ませ、巻き紙に書いていた。それがペン、鉛筆、万年筆、ボールペン、水性ペン等々に変わった。（当然、用紙も変わる。）毛筆のよさが失われた。では、日常的に、毛筆に戻すことができるだろうか？　できるとして、戻したほうがいいだろうか？　ローテク（ハンドメイク）がいいというなら、ここまで徹底して考えるべきではないだろうか？

さらには、毛筆等というのは、すでにしてハイテクである。石に鑿で字を刻むところまで戻るとしたらどうだろうか？

◆深夜のチャットは格別だ

誰にだって眠れない夜がある。年を取ると、早起きになり、しかも、宵っ張りになる。特別の理由もないのに、なかなか寝つかれない夜もある。

そんなとき、メールをするにかぎる。多くは友人だが、子どもの場合もある。

十数年前、上の娘が長期に入院したことがある。自由に動くことができないというだけで、他は健康なのである。読書ばかりでは時間を持てあましそうだったので、奮発して、ノート型のパソコンをプレゼントした。

娘は、小説のような、エッセイのようなものを書いて、かなりの数を送ってきた。こちらからはその感想を送ったりした。電子メールで、である。

書いてすぐ送る。もらった方は、相手の暖かい息吹を直に感じ取ることができる。メールは、「活字」だから、無機質で、人間の情感が伝わらない、といわれる。「自筆」でないからということだが、逆に、いまこのとき、相手の手を離れた、生きた独立物という「臨場感」を与えるのだ。しかも、メールから受け取った生の反応を、すぐに相手に伝えることができる。

メールという、手紙とも電話とも異なるパーソナルな交信媒体（メディア）

が手に入ったのである。たしかに、手紙でしかできない意思疎通がある。電話のほうがいい話し合いがある。しかし、メールは、手紙と電話の長所を持ち、しかも、手紙のように長時間要することなく、電話のように時に相手を煩わすことがない、文字通り、深夜直送便として欠かすことができないものになっている。

メールは、設定が面倒だが、使うのは簡単である。設定は他人任せでいい。多少使い慣れると、電話の回数が激減し、ファックスはほとんど動かなくなる。手紙は、必要不可欠の場合だけになる。

パソコンだけではない。携帯電話のメールが流行るのには、理由があるのだ。

◆インターネットは、メールより易しい

Nさんは、万年筆派だが、パソコンを持っている。インターネットだけは開く。たしかに、私のホームページ（HP）を見てくれている。

メールの文章は、ワープロで打つ。だから、ワープロを使うことができれば、メールは簡単に使いこなせる。Nさんのように、ワープロを使うことができなければ、空のメールしか送ることはできない。

つまり、ワープロを打つことをしなくとも、メールを送ることをしなくとも、インターネットはできる、ということだ。

インターネットの基本は、情報の検索である。ありとあらゆる情報（といったら大げさになる）が、インターネットで検索できる。Nさんは、情報の洪水・過剰などということで、情報の貴重な入り口を閉じるような愚は避けている。この点でも賢明な人、といわなければならないだろう。

しかし、思うに、ワープロまで進んだら、Nさんの「作家」寿命が延びるのに、と惜しまれてならない。

パソコンは、新機がいい。しかし、古機で十分

パソコンの「進化」が猛烈に速かった時期があった。半年経つと、最新機が、古機に変わるというような時期もあった。最近はバージョンアップの周期が遅くなった。

私は、パソコンを買うなら最新機がいい、と主張してきた。なぜか？

たとえば自動車である。新米の運転手だ。ぶつけたり、へこましたりということが予想できる。そんな若葉マークには、中古の車で十分だ。運転が上達したら、はじめて新品に乗るがいい。こう思う人がいるかもしれない。

たしかに、軽くぶつかったり、車がへこむくらいのことなら、それでいいだろう。しかし、車は、絶対にぶつかってはいけないのだ。運転が下手だから、へこんでもいいような車に乗ると、かならずへこます結果になる。一人の乱暴な運転手ができあがる。運転がしやすく、危険を回避しやすい最新鋭車にこそ、新米者が乗るべきなのだ。

パソコンは、自動車よりはるかに「進化」が激しいから、新米に操作しやすい機種がいい。それに、どんどんグレードが上がるのだから、せめて、買うときは最上の機種を買うのがいい。これが私の意見だった。間違っていなかったと思える。

しかし、パソコンはずいぶん高性能になった。いまパソコンに求められているのは、機能の高度化とともに、一見すれば逆行に思える、簡略化・平準化である。誰でも使えるようにだ。特に、ワープロ、メール、インターネットに特化した機種が望まれる。

この三機能を使うだけならば、既存の機種の能力で十分である。問題は、送受信速度の短縮化である。それも、高速インターネット（ＡＤＳＬ）、光ファイバー通信（ＦＴＴＨ）の普及で、急速に改善されてきている。

どうしても、パソコン嫌い、インターネット嫌い（と思っている）の人は、試みに、次のようにすることを勧めたい。（誰のパソコンでも構わない。）

一つは、インターネットの検索エンジン（たとえば、グーグル／Google）を開いて、昔見た映画や、懐かしい女優の名前を引いてみるといい。

たとえば「日高澄子」だ。同年齢に、よく似た容姿の京マチ子がいたので、損をしていたが、バンプ役や中年になっての艶やかな役をこなして、光を放っていて、好きだった。ところが、七〇〇件以上ヒットした二番目に、毎日新聞の記事からとして、二〇〇二年八月一日死去、七九歳、とある。そのすぐ後に、戦後から一九六〇年代まで出演した映画名がヒットする。それをたどると、どの映画では誰と競演したか、役名もわかる。「蟹工船」のようなまじめ（？）な映画にも出ていたことが知れた。しかし、日高澄子は、私にとっては、東映や大映時代劇の過去の女優ではなく、再放送で毎度出会う、「水戸黄門」の「準」レギュラーとでもいっていい人だった。

二つに、インターネットで、仮に〈何月何日に、どこに行く〉と決め、ビジネスホテルの空きと、宿泊代等を調べてみるといい。

いちばん簡単なのは、検索エンジンを開いて、「旅行」の項をクリックし、「国内旅行」の「ビジネス、シティホテル」(「じゃらん」提供)の項をクリックすると、お望みの行く先、日にちを決めれば、ホテルと条件が出てくる。

自分の条件に合うホテルが決まれば、電話で予約すればいい。(インターネットとメールができる人は、あらかじめ会員になり、メールアドレスを登録してあれば、パソコンで簡単に予約できる。)

つまり、インターネットができると、他人任せではなく、自分の都合と懐具合にあった旅行を、自分で決めることが可能になるわけだ。

短い文章ほど、ワープロが便利

シニアには時間がたっぷりある。パソコンの一つでも買って、ワープロ、メール、インターネットを動かす技を習得することぐらいに、時間をかけてもいいじゃないか。こういう言い方を、私はしたくない。

人は必要（欲望）があるから、する、のである。時間が余っているから、する、のではない。それに、高齢者にパソコンが素敵なことを納得させるのは、難しい。私のようなおっちょこちょいは、新しいものが出たら、すぐ飛びつく。ワープロの時も、そうだった。しかし、新しがり屋だけのことではなかった。

一冊の本を書く。長い（一〇〇枚以上の）論文を書く。これは、予想しているより、本当に難しい。何度も放り出したくなる。その分、原稿用紙の最後に、「了」と記し留めたときの気持ちは何ともいえないものである。

しかし、この段階では「原稿」はまだ仕上がっていないのである。「素稿」段階だといっていい。たとえば、「素稿」を仕上げるのに一月かかったとしよう。これを、編集者に渡す「完成原稿」にするまでには、ほぼ同じ時間がかかると見ていいだろう。

削ったり、膨らませたり、時には、何頁にもわたって破棄したり、あるいは、一節丸ごと書きなおさなければならなくなったりで、本当にこの「推敲」と

「整理」というヤツは、やっかいなのである。それに、原稿の枚数が多いから、ページ数をきちんと打つだけでも、大変なのだ。

ところが、ワープロで書くと、この素稿と原稿との間が、実に短くなる。たいていは、今日書いた部分は、その日のうちに「校正」する。次の日書き継ぐとき、まず前日の分を「再校正」する。こうやって進行するから、最終章の最終節を迎えたときには、ほぼ九九パーセント原稿ができあがっていることになる。末尾に来て、丸を打って「了」と書いたら、「原稿」は完成する。それを、そのままメール（添付）で編集者のもとに送る。これで、文字通りの、「ジ・エンド」である。

ワープロは、初歩の段階では、こんな面倒なもの、と思われるだろう。しかし、打ち疲れて腕が上がらない、指が動かない、という前に、目が敏感に反応しなくなっている。打ち損じばかりになる。

じゃあ、こういう状態に陥るのは、どの程度に達したときかというと、およそ一日に四〇枚を超えてからではないだろうか？　原稿用紙に万年筆で日に四〇枚書くと、万年筆を握ることすらできなくなるのだ。

なるほど、たくさん書く人にワープロは便利だ。しかし、私はそんなに書かない。書く必要もない。こう思って当然だろう。五枚書けば御の字の人だ。ところが、短い文章ほど、ワープロは書きやすいのである。

一、ワープロで書くと、短い文章なら、簡単に書ける。こんなに書けてしまって、いいのか、と思えるほどにである。

二、行数、字数ぴったりの文章が書ける。（原稿用紙に筆記道具で書くと、こうはゆかない。）

三、「挿入」も「削減」も自由自在だ。単調な文章ばかりではなく、情緒たっぷりで模糊とした文章も、書くことができる。（たとえば、京極夏彦の文章のようにである。）

ワープロを使えば、達意の文章を書くことができる、などということをいいたいのではない。達意の文章が書けるかどうかは、ワープロを打とうが、万年筆で原稿用紙に書こうが、学習ノートに鉛筆で書こうが、本質的には関係ない。

いいたいのは、ワープロで書くと、簡潔な文章も、複雑な文章も書くことができる、ということだ。概していうと、誰にも理解可能な文章も、論理が折れ曲がり、難字に満たされた、一見して「難解」な文章も可能ということだ。

これこそ、文章好きの多くのシニアに、ワープロ（パソコン）を勧めたい理由である。自力では習得困難と思える人でも、何、学校に一か月も通えば、ワープロを存分に打つことができるようになる。

2　新刊書のすべてがたちどころに手元に届く

新刊書であれ、古本、あるいは、古書であれ、インターネット通販（ネット通販）で求めると、嘘のように簡単（確実・迅速・安価）に手元に届く。

しかし、インターネットは、基本的にパソコンを使ってやる。そのパソコンが高い。通信費だってかかる。その分を本を買うのに回したほうが、ずっと合理的ではないか。こういう意見も出るだろう。たしかに、こういう例がある。

あるとき、ソーラーシステムの利用を熱心に勧められた。「我が社のソーラーシステムを導入すると、お宅の電気代の半分は、節約できる。きわめて経済的である。」ついては、必要な敷設費用はこれだけだが、どうだろうか。こういわれた。

「その費用は、計算すると、二〇年間分の我が家の電気代に相当する。それで、経済的といえるのか？ それに二〇年経つと、そのシステムは使用不能になっているのでは？」と尋ねると、勧誘員は、沈黙してしまった。

インターネットを利用した書籍購買にも、同じようなことがいえるのではないだろうか？ こう尋ねられたらどうする。

パソコン機器は、最近ずいぶん安くなった。とはいえ、一〇万円前後はする。しかも、プロバイダー（接続代行業）使用料、ならびに通信料がかかる。光ファイバー通信にすると、敷設料等が必要になる。おそらく、全部をひっくるめると、月一万円見当になるのではないのか？ 毎月、一万円あれば、五〜一〇冊の本を買うことができる。ベリグーではないか。ハイテク（高技術）は、結局、ハイプライス（高価格）で、「浪費」を生む。こういう結論が出てくる。

しかし、私の回答はこうだ。書籍を探し、購入するというのは、パソコン利用のごく一部に過ぎない。

①私のパソコン活用の大半は、ワープロである。その大半は仕事用だ。

②メールの利用度は高い。メールがなく、郵便や宅配を使う手間を考えると、断然、速く便利である。私のように遠隔地に住む者は、メールがなければ、仕事がスムーズに進まない。

③インターネットの利用頻度は、どんどん上がっている。プロバイダー料は一定である。これを書籍購入のために利用する割合は、一〇パーセントを越えない。

これだけ使って、月一万円は、けっして、けっして高くない、と私は思う。

総合的検索エンジンを使う

書籍購入には、ネット通販の書籍専門のサイト（ホームページのある場所）を開かなくてはならない。そのサイトに、どうやってたどり着くのか？

インターネットの初心者は、各書店サイトのアドレスを知っていなければ、たどり着かないと考えるだろう。ところが、職業別電話帳のようで、それよりももっと簡便なホームページ（書店）を探すサービスがある。「検索エンジン」（search engine）で、膨大なホームページの中から、知りたい情報のキーワードを入力すると、そのホームページを瞬時に検索してくれる。

書店のホームページを探す検索エンジンは、しかし、どうやって見つけるのか。この検索エンジンは、とりあえず二つだけは覚えておこう。利用は無料である。

一、「Yahoo!」（ヤフー）　http://www.yahoo.co.jp/

二、「google」（グーグル）　http://www.google.co.jp/

試みに、「書店」というキーワードをそれぞれ入れてみよう。（二つのなかではグーグルが断然使いやすい。）

Yahoo! では、四八三〇万件がヒットする（二〇〇六年八月一日現在）。そのうち、２０の書店サイトをあげてみよう。

Amazon.co.jp

紀伊國屋書店

ビーケーワン

丸善

ブックサービス－書籍、ビデオ、ＣＤ等の販売。クロネコヤマトが商品を配送。

三省堂書店

旭屋書店

八重洲ブックセンター

イー・ショッピング・ブックス

ジェイブック－書籍、ＣＤ、ゲームソフト、各種マルチメディア商品の販売。

文教堂

Yahoo!ブックスショッピング－書籍の取り寄せサービス。

青山ブックセンター－デザイン、写真、建築等の芸術関連図書、環境図書、一般書籍の販売。
ジュンク堂書店
有隣堂
全国書店ネットワークe-hon－本の販売。受取可能な加盟店の一覧、作家紹介等。
TSUTAYA@boople.com－日販アイ・ピー・エスが運営。アフィリエイトプログラムの提供。
ビー・オー・エル・ジャパン
書泉－書泉グランデ、書泉ブックマート、書泉ブックタワー等、各店舗の案内。サイン会、フェア情報等。

私が利用しているインターネット通販書店は、現在、もっぱらアマゾンだ。google では、五三五〇万件ヒットする。

このヒット数の違いは、検索エンジンの主機能の違いから来る。しかし、いずれを使っても、私が利用している代表的なサイト（書店）を、アドレスを書き込むことなく、クリックだけでたどり着くことはできる。

そして、自分が利用する書店のアドレスを「お気に入り」に登録すると、好きなときにクリックだけで、本屋のホームページが開く。

インターネット通販は、一五〇〇円を超えると送料無料

インターネット通販書店（ネット書店）の長所を列挙してみよう。

一、現在刊行中の、あらゆる分野にかんする本の情報を、簡単に知ることができる。

たとえば、「アマゾン」（Amazon.co.jp）のホームページを開いて、キーワードに「開高健」を打ち込むと、二一二件ヒットする。現在刊行中の開高健の著作と、関連著作がわかる。もちろん、刊行年月、定価、表紙、目次、概要、等々がついている。

たとえば、「開高健」で最初に出てくるのが、

最後の晩餐（文庫）

①イメージ（画像）

②価格：￥660（税込み）　1500円以上国内配送料無料（一部大型商品は除く）！　代金引換、コンビニ・ATM・ネットバンキング払いでもお支払いいただけます。　発送可能時期：通常24時間以内に発送します。　この商品は、Amazon.co.jp が販売、発送します。

③新品／ユーズド価格：￥350より

④あわせて買いたい　この本と巷の美食家 開高 健 をあわせて買う　一括注文：￥1374

④この商品を買った人はこんな商品も買っています

巷の美食家 開高 健

食の王様 開高 健

ベトナム戦記 開高 健

風に訊けーザ・ラスト 開高 健

風に訊け 開高 健

⑤商品の説明

内容（「BOOK」データベースより）

「腹のことを考えない人は頭のことも考えない」S・ジョンソンの絶好の格言に導かれ繰り広げられる、古今東西、人の飽くなき欲望を思い知らせる食談の数々。歴史、文学、政治までをも軽妙洒脱な語り口で呑みこみながら、最底辺の食事から王様の食事、はては人肉嗜好まで。「食」の愉悦、深淵、その極北をあますところなく描きつくす、食の大全。

⑥著者略歴（「BOOK著者紹介情報」より）

１９３０年、大阪市生まれ。大阪市立大卒。58年、「裸の王様」で芥川賞を受賞して以来、次々に話題作を発表。ベトナム戦争のさなか、しばしば戦場に赴いた経験は、『輝ける闇』（毎日出版文化賞受賞）、『夏の闇』などに凝縮され、高い評価を受けた。79年、『玉、砕ける』で川端康成文学賞、81年、一連のルポルタージュ文学により菊池寛賞、87年、自伝的長編『耳の物語』で日本文学大賞を受けるなど、受賞多数。89年、逝去（本データはこの書籍が刊行された当時に掲載されていたもので

す）

⑦目次

＊このほかにもあるが、これだけでもちょっとした「情報」だろう。

二、購買手続は簡単で、迅速・正確に配達される。

購買しようと思ったら、ただちに「ショッピングカート」（買い物カゴ）にいれて、注文すればいい。所定の手続（会員登録：メールアドレスとキャッシュカード番号が必要。料金代行システムもある。）手続をすると、私のような遠隔地でも、三日以内に確実に着く。

三、送料は、実費だが、一五〇〇円以上買えば、無料になる。

これは、他のネット書店でも、大同小異である。

つまり、直接書店にゆく手間や費用。書店であれこれ探す手間暇。見つからない場合に注文することで費やす時間と費用。これが全部なくなる。私のような遠隔地に住むものにとっては夢のような話だが、事実である。

インターネット通販は拡大の一途をたどるか？

大型量販店が出現すると、地域に根づいてきた小型店が淘汰されてゆく。小型店ばかりではない。百貨店から家電製品等がほとんど姿を消した。

しかし、その大型店が、いまではコンビニに脅かされている。サービスの違いによってだ。

だが、量販店やコンビニだけで、私たちの生活が満たされたかというと、まったくそんなことはない。高級品の専門店が必要になる。デパ地下（デパートの地下）が、食料品をはじめとした高級専門店中心で構成されるようになった。さらに、地域住民の個々の要求に密着したサービスをきめ細かく提供する小売店が必要になる。

これは、書店でも、同じことがいえるだろう。「大型書店の進出が、小型店を淘汰する」は、一律の流れではないのだ。購買者は、サービスのいい方、品物がより良質でより安い方へ向かう。当然である。問題は、多様な読者層の要求に応えるサービス形態にふさわしい書店が必要なことなのだ。

大型店、コンビニやキヨスクの「書店」、専門店、地域密着型の小型店、ネット書店。

それに、ネット書店にも、一般書店と同じようなサービスの違いにもとづく違いがある。アマゾンや紀伊國屋書店のような大型ネット書店ばかりだったら、サービスが平準化する。

一〇年前ネット書店の売り上高は、まだ書店の総売り上げ高の、一パーセントに届いていなかった。しかし、ネット書店の売上高は激増し、二〇一二年、アマゾンの売上高が、紀伊國屋をはるかに抜き去った。この傾向は変わらない。じゃあ、近い将来、ネット書店は、書店の脅威になるのだろうか?

書籍のインターネット販売は、上昇線を描いてゆくだろう。それを押しとどめる要素は、現在のところ、見当たらない。アメリカでは九九年に書籍販売の六%を占め、近い将来、書籍ネット販売総額が、書店販売総額と拮抗する時代がやってくる。しかし、インターネット販売は、書店を圧迫し、無用のものとするような時代は、やってこないだろう。

第一に、本屋がインターネット販売をするからだ。すでにしている。インターネット販売をするもっとも有利な条件を持っているからだ。第二に、品物と直にふれ合いながらショッピングする楽しみを書店が提供するかぎり、本屋は残るし、いまより繁盛する場合だってある。第三に、売り場と読書室、喫茶室が併設されているような書店が出現しつつある。

なるほど、現在のままでは、書店はじり貧になるだろう。しかし、だからこそ、書店は進化する。進化しなければならない。

3　ああ、懐かしの古本が、簡単に手に入る

ネット通販の時代になって、激変したのが、古本市場である。

ネット通販市場は、グローバル・スタンダードである。アマゾンは、アメリカ、イギリス、ドイツ、フランス、カナダ、オーストラリア、スペイン語圏、日本、そしてチャイナ等に「本店」を持つ世界企業である。すべての外国書は、国内書と同じ扱いを受ける。

たとえば、哲学者のカント（Kant）をキーワードに入れる。一〇四四の

ヒットがある。「Die drei Kritiken（三批判書）」が、フェリックス・マイナー社から出ており、二三八〇円とある。三批判書とは、『純粋理性批判』『実践理性批判』『判断力批判』（ドイツ語）で、カントの主著である。私にいわせると、ただみたいな価格である。それに、送料は無料だ。

ネット通販はこのような時代に突入したのである。しかし、もっと驚いていいのが、古書のネット通販である。

シニアになると、本屋巡りが楽しくなる。しかし同時に、おっくうになる。頻繁にはいけなくなる。これは古書店巡りでも同じである。

たしかに、個性のない新刊書店と比較すると、古書店は独特の顔つきや体臭を持っている。でも、あくまでもマニア向きであった。それが、古書店から客足を遠ざける結果になった。神田古書店ばかりでなく、全国的に古書店が激減していった。

ところが、古書店に革命とでもいうべき事態が到来したのである。

一九九六年、東京古書組合がインターネット販売の「日本の古書屋」をはじめた。発足時は、都内の加盟店だけで、インターネットも使いづらかった。それが、二〇〇三年七月で、全国二四〇〇店が参加し、登録古書数三三〇万冊の「大書店」に急拡大した。またアマゾンも古本通販を大々的に展開し、全国大小の古本屋を集約し、いまや古本業界を席巻した感がある。

古本のインターネット販売の強みをあげてみよう。

一、検索が簡単で、求める本の有無がすぐにわかる。

二、より安い価格の本を注文可能になる。

　同一の本を、加盟の各書店が、それぞれ定価をつけるので、価格の比較が簡単にできる。たとえば、折口信夫全集（中央公論社）だけで、六五〇〇〇、四八〇〇〇、三〇〇〇〇、二五〇〇〇、二二五〇〇、二〇〇〇〇、一九〇〇〇円等々と価格差がある。どの価格の書店で買うかは、自由だ。

三、料金の支払い方法が、加盟店それぞれで多少異なる点を除けば、迅速確実に、求める本が手に入る。たいていは、カード決済、郵便振替か銀行振込みだ。

四、在庫がなくとも、「注文」（加盟店に希望書を提示）すると、手に入ることがある。各加盟店のほとんどは、独自のホームページを持っている。

この十数年、ネット通販で三宅雪嶺の本を求めだした。気がついたときに購入するだけだが、一般の古書店巡りではほとんど入手困難な本を、六〇冊ほどそろえることができた。

五、居ながらにして、書店で見つからない本を簡単に見つけ出すことができる。

読みたかった本がある。その本を、すぐにでも手にいれたい。読みたい。そんなときは、ネット通販にかぎる、と断言してもいい。

インターネット通販で古本の価格が急落した

ようやく古書のネット通販がはじまったころである。まだ利用していなかった。

伊藤整全集（新潮社）がどうしても必要になった。こういう場合は、人間の心理として、なにがなんでも手に入れたくなるものだ。ところが、目録等を探しても、なかなか古書市場に出ない。出ていても、目が飛び出るほど高値である。

飲み仲間のSさんが持っている、箱から出してもいない、新刊同然だ、譲ってもいい、という。すぐに二〇万円で買う約束をし、本が送られてきた。ちょっといい気分である。これで整の長編が心おきなく読める、と思えた。ところが、そのすぐ後である。古書のインターネット通信を利用しはじめた。まず、伊藤整全集を当たってみた。な、なんと、八万円のものがある。しかし、もう遅いのである。こういうときは、金ではない、とは思うものの、悔しいものだ。

現在、伊藤整全集を「日本の古本屋」で引くと、最高値が四・五万円で、もっとも安いのは四万円である。べらぼうな減価だ。

古書のネット通販がはじまって、急速に大半の古書の価格が下がりだした。価格比較が簡単だからだ。価格競争、価格破壊が生まれたのである。

では、ネット通販は、価格破壊によって、古書店に困難と災厄を持ちこんだのか？　そんなことはない。

全国いたるところの古書店が、在庫を、全国一律、読者の前にオープンにするチャンスを得たのである。古本も売れなければ、ゴミに等しい。売れるためには、店頭に出さなければならない。店頭に出しても、お客が来なければどうしようもない。この三重苦問題（在庫整理・商品展示・顧客招来）を、一挙に解決したのが、ネット通販である。

実際、古書のネット通販を利用すると、古書店がどこにあるか、どんな規模か、どんな本をそろえているか、は、第二義的になる。問題は、求める本の価格である。もちろん、本の状態によって、大きな価格の違いが生じる。

ネット通販がはじまって、全国津々浦々の古書店に死蔵されていた大量の古本が、いっせいに市場に登場しはじめた。さらに、読者の自宅等に死蔵されたままの本が、いっせいに古書店で売買されるようになった。

自由市場では、供給が需要を上回れば、買い手有利となり、価格は下がる。古書市場では、読者が古本屋に売る場合は値段が下がる。古本屋が読者に売る場合も、値段が下がる。

全体として、古書の値段が半額に、場合によっては、一〇分の一に下がるような現実が生まれている。

いずれにしても、本を探し、読みたい読者にとっては、好ましい状態が現れたのである。

どんな本でも見つかる時代になった

売れる本しか本屋にない。一月前に発刊された本が流通から消える。専門書を手に入れるのは難しい。こんな言葉が叫ばれてから、何十年になるだろうか。しかし、心配無用な時代になった。インターネットを利用すれば、問題はほとんど解消されるからだ。

新刊書はまったく問題ない。どんなに少部数で、書店に現れない本でも、必要な本の書名あるいは著者名、時には、出版社名がわかればいい。書店になければ、ネット書店で検索し、注文すればいい。もっとも確実かつ迅速に手元に届く。

こんなことがあった。

安川寿之輔『福沢諭吉と丸山眞男』（高文研　488頁・3500円）が新聞広告にでた。短い囲みのなかに、「◆『丸山諭吉』神話を解体する」「丸山眞男によって造型され確立した民主主義の先駆者・福沢諭吉像の虚構を、丸山の全著作を洗い直すことにより正面から打ち砕く！」とある。

オッと思い、これは力作に違いない、切り抜いて、注文しよう、とアマゾンで引いてみた。

ところが、内容に関する情報がまったくないのである。「？」と思えた。それで、検索エンジン（グーグル）を引いてみた。高文研のホームページで、この本が紹介されていた。

〈★「日本の民主主義の先駆者」という福沢諭吉像は、丸山眞男による福沢研究の圧倒的な影響の下に形成された。だがその福沢像は、丸山のきわめて主観的な読み込みで造られたものだった。ある研究者はそれをさして「丸山諭吉」と呼んだ――。

「典型的な市民的自由主義」の思想家・福沢諭吉。これが丸山眞男が造形し、確立した福沢像だった。しかし福沢は、天皇の統治権と統帥権、神聖・不可侵をうたった「大日本帝国憲法」をくりかえし手放しで賛美し、「教育勅語」も積極的に受容した。丸山の福沢像は、こうした事実を完全に無視し、福沢の著作の都合のいい部分だけを取り上げ、勝手な読み込みによって造りあげた虚像だった。

『福沢全集』にもとづく諭吉の実像を明らかにするとともに、丸山につづき丸山の〝学問的権威〟に拝跪した研究者たちによって造られた虚偽の福沢諭吉像を打ち砕いた衝撃の本！〉

どうして、こういう紹介が「アマゾン」の情報に入らなかったのだろうか？「丸山諭吉」を私も批判する一人だが、諭吉の思想をこのような形で否定してみせる著者は、諭吉全集を読んだかもしれないが、理解したとはとうてい思えない。それで、参考にならないだろうと思えたが、やはり買った。アマゾンで半額だった。

書名も著者名も、出版社もわからない。特定の専門分野にどんな本があるか調べたい。こういう場合も、ネット通販は便利である。キーワードを入れると、たちどころに数十冊の関連本が出てくる。

ただし、これは「目録」販売と同じで、書名（の印象）や簡単な広告説明と、読者が求める内容とが一致しない場合が多い。たとえば、私は、仕事で使うため、アマゾンで、「思考術」をキーワードに、これはと思える本を二〇冊ほど注文した。一冊残らず、使い物にならなかった。

専門書の場合は、特に便利である。とにかく出版され、流通さえしていれば、僅少部数であるか、大部数であるかに関係なく、書名、著者のいずれか、あるいは出版社がわかれば、簡単に検索可能である。注文したら、多少の遅れがあっても、確実に手元に届く。

古本の場合は、説明不要だろう。

つまり、書店に求める本がない。読みたい本が見つからない。などと愚痴＝屁理屈をいって、読まずにすます時代は終わったのである。

もう大型書庫の時代は終わった～必要な本を、最小限度備えればいい時代がやってきた

本読みの楽しみの一つに、蔵書がある。蔵書がビシーッと並んでいるのは、たまらない快感である。

もうずいぶん前になるが、いまはもうないスナックで、「私は日本一本を持っている」と豪語する人に出会った。「君も本が好きらしいが、何冊持っているか？」と聞くから「一万冊くらいじゃないですか」と応えた。「ほー、私は一万五千冊くらいはあるだろう」と得意満面なのである。

まあ、本の数は、靴の数とは異なるから、多いのは結構なことだ。だが、一万五千冊程度で、日本一とは、恐れいったである。しかし、これが「本好き」特有の見栄である。私にもある。

ところが、本の重量は並のものではない。私は、書庫を三回造った。その都度、床下は、コンクリートで固めた。それに、本は場所ふさぎである。人間を駆逐する。ところが、買い込んだ本は処分できない。

本をすぱっと処分できる人が羨ましい。いつもそう思ってきた。ところが、時代は変わったのである。

本を商売道具にしている人は別である。梅棹忠夫、谷沢永一、渡部昇一さんの場合などは別格としても、年齢の近い立花隆や猪瀬直樹の何が羨ましいといって、その書斎である。しかし、これからの人は、梅棹はもとより、立花も、あるいは鷲田ほども、本を所蔵しなくても仕事ができる時代になったといっていいだろう。

というのも、求める本が、迅速確実に手に入る時代になったからである。書店にも、ネット通販になくとも、図書館のネットサービスを通じて、めざす本に到達できる。発刊されたとき買わなければ、二度と手に入らない、という強迫観念を持たなくともいい時代になったのだ。

だから、例外はあるが、大型の書庫を持ち、そこにどっさり本を所蔵しなければならない時代は終わった、と見ていい。

本は、いったん持ち主の手を離れても、必要なときには、流通の中から、あるいは図書館の中から、再び召還できる。そういう時代になったわけだ。せいぜい、手元には、レファレンス（辞典類）を含めて、最大三〇〇〇冊あればいい、という時代になった。

ということは、独立した書庫が不要になったのである。大量の情報はＤＶＤやＣＤで収蔵できる。全集類、辞書類、資料類、これらのほとんどはデジタルで収蔵できる。

本を持つ楽しみは格別のものである。しかし、量の時代は終わった。身から離しがたい本だけを側に置いておけばいいのである。これが私たちシニアが生きる時代である。

第四章　読書計画のある人生

1　読書計画を立てる楽しさ

読書をしなくたって立派に生きてゆける。私の両親、祖父母、叔父叔母で、読書を楽しむ生き方をした人は、ほとんどというか、まったくいないだろう。しかし、だからその人生が面白くなかった、あるいは、意義なかったかというと、そうはいえない。

しかし、読書があれば、その人生にもっと彩《いろど》りを添えることができただろう。違った人生計画を持つことができたに違いない。親から与えられた仕事や資産を「守る」生き方とは違った人生があったかもしれない。私には、親族の生き方を思いながら、そう思える。

さらに、一冊の読書によって、人生が変わることがある。他でもない私がそうだった。しかし、一冊の読書だけでは人生は変わらない。「一冊」は、その衝撃がどれほど大きくても、「きっかけ」に過ぎない。一冊の読書が与える契機は、読書を人生のなかに組み込む生き方への「道案内」である、といったほうが適切なのである。

この道案内に続く必要があるのは、読書計画を立てて生きることである。何であれ、人間は「仮説」（こうしたい・なりたい）を立てて生きる存在である。正確には、仮説を立てなければ生きることが難しい存在なのだ。

私の一八歳時の「仮説」（志望）は、望みの大学・学部に入り、卒業して、一流の会社に入り、美しいしっかりした女性と結婚する、という漠然としているが、平均的で所帯じみたものだった。家業が商売で、一家が一緒に食事する場も、両親と話をする機会もほとんどなかったことが、サラリーマンになりたい、と思わせたに違いない。いまから思うと、ステレオタイプだが、そういう高校生だった。

しかし、もっと違う人生がある。それに挑戦してみるほうがいい、と教えてくれたのは読書であった。そして、三五歳の時「一冊の本」にであって、人生仮説、即ち、人生設計をしっかり持たなくては、そのためには、読書計画が必要だ、と思えたのである。

これは、ずいぶん息苦しい、せっぱ詰まった人生のように感じられるに違いない。しかし、そうではない。そのときどきは、あっちにふらふら、こっちに逸れるで、内実はいい加減であった。極端にいうと、今日はマルクスとレーニン、明日は三島（由紀夫）と（坂口）安吾、明後日は山崎正和と鶴見俊輔、あるいは、江戸川乱歩と池波正太郎、というようにである。節操なきが如くである。

しかし、横道にそれることも含めて、大枠なりと読書計画（仮説）がある場合とない場合とでは、人生の彩りが違う、と私には強く思えるのである。

人間は考える存在である。正確には、言葉を使う存在である。「言葉」は、いまここにないものを、いまだかつてどこにもなかったものを、いつでも・どこでも自在に喚起することができる「創造者」（クリエータ）である。

いい悪いにかかわらず、人間は「明日どうするか？」を考える存在である。考えざるをえない存在である、といったほうがいい。

何、考えることなどない、行き当たりばったりでゆくさ、といわれるかもしれない。しかし、「ケセラセラ」（なるようになるさ）も立派な「仮説」である。計画（細目）のない計画である。

「こんな」人生を生きてみたい。「目標」である。そのためには「こうする」必要がある。「手段」である。実現しないかもしれない。しかし、そういう「夢想」も含めての計画である。

計画は、ジュニアのときだけでなく、シニアになっても必要だ。否、シニアの時こそ必要だ、といいたい。

もはや先行きがわかっている。「夢」なんてない。それでは、ちょっと悲しい、寂しいではないか。「先行き」がわかっているだろうか？「夢」なんてないだろうか？　少しもそうは思わない。大げさに考える必要はない。

六〇歳から、何年生きなければならないだろうか？　一〇年！　二〇年？　それとも三〇年？　イヤ、四〇年かもしれないのだ。その間やりたいことがないなんて、信じられない。自分の人生を自分で無理に狭めたり、閉じたりする必要は少しもない。

むしろ、「何ものでもなかった」若い時より、はっきりとやりたいことを設定し、それをめざす「実力」(蓄積)があるのだ。そう思わないだろうか。

新しい人生区分～四段階説

人生には四段階がある。これも、私が人生一〇〇年時代を生きるために立てる「仮説」である。

第一段階目が、三五歳が転機で、ジュニア期。
第二段階が、五五歳が転機で、ミドル期。
第三段階が、七五歳が転機で、シニア期。
第四段階が、リタイアー期。

この転機の前後一〇年が、過渡期である。だから、ジュニアとは、最長の人で四〇歳まで、最短の人で三〇歳までというのが一つの目途となる。三〇歳で、人生の第一コーナーを回りきる人と、四〇歳でようやく回りきる人がいる、ということだ。

この転機は、人によって異なる。私には「転機」などなかった、という人もいる。しかし、大小にかかわらず、誰にも転機はある、というのが私の経験則に基づく意見である。

ジュニア期を終える契機の根拠は、大学を卒業してほぼ一〇年、サラリーマンでいうと、自分の「持ち分」（doing）が決まる。一〇年間さまざまな持ち分を渡り歩いた結果である。そのとき、自分がなすべきことが果たしてこれでよいのか、という想念がわく。あるいは、職場での自分の評価がこれでいいのか、ということになる。いま足下にある自分の人生と違った人生を思い描かなければならない、ということだ。

ミドル期転機の契機の根拠は、「定年」である。定年後の生き方をどうするかは、すべての人に、たとえ専業主婦であれ、否も応なく、突きつけられる。

シニア期の転機の根拠は、本当の意味の「老後」＝完全なリタイアーである。

このように人生を区分してみると、高校受験、大学受験、就職試験の「結果」が、その後の人生を決定づける、などというように考える必要はない、ということがわかる。むしろ、就職しての一〇年の頑張りによって、あるいは、定年を迎える前の生き方によって、あるいは、定年後が新しい人生の出発であるという意味が、納得されるのではないだろうか。

人生区分をこのように考えると、ジュニア期の読書の幅もうんと広がることがわかるだろう。

たとえば、かつて、二〇代でドストエフスキーの『罪と罰』に決定的な影響を受けた、と感じた人がいる。だが、二〇代の終わりに、ナボコフの『ロシア文学講義』（TBSブリタニカ）を読むと、あの「影響」が、一種の「熱病」（ハシカ）のようなものであったことが、おのずと判明するに違いない。もしナボコフを読まないで終わると、ドストエフスキーがある種の強迫観念になって、もはや実熱がなくなったのに、ドストエフスキーの「思念」（イデオロギー）に悩まされる、あるいは、無意識に支配される、ということになるケースがある。

吉川英治の『宮本武蔵』のような「青春文学」だけしか読まないで、読書をやめた人は、藤沢周平のたとえば新井白石の一生を追った『市塵』の面白さや意味に気がつくことはないだろう。

シニア期にふさわしい本とは？

人生には「旬」（しゅん season）がある。読書にも旬がある。ジュニア期には、それにむいた読書がある。本がある。一応はこういおう。

たとえば、レーニンの『何をなすべきか』はジュニア期の本である。時代を変えよう。社会を革命しよう。そのためには、思いを同じくする人の強固で混じりけのない組織を作ろう。それを変革の核にして、古い社会、古い組織を打倒してゆこう。こうして、若い政治組織としてのセクトが生まれる。政治組織にかぎらない。会社でも、地域社会でも、強弱にかかわらず、古いシステムを変えてゆこうと思う人たちが、セクトをつくる。

しかし、同時に、ミドル期になっても、あるいは、シニア期になってもこの本を読む必要のある人は、読むとわくわくする人は、陰謀家に違いない。権力を握って、少人数の指導部によって「権力」を維持してゆこうという人たちである。彼らは、自分たちの意見や行動に反対したり不満を持つ人たちを、公然隠然を問わず、たたきつぶしてゆく。自分たちを正面の敵として戦いを挑む若いセクトを壊滅させようとする。

ミドル期のスターリンは、レーニンの「弟子」として、まさに『何をなすべきか』を「手本」に、「粛清」の嵐を巻き起こした。

もちろん、レーニンの『何をなすべきか』を読むと、自分たちの意見や行動に従わない人たちを「敵」扱いするセクト主義者になる、といいたいのではない。その本を読んで理解すると、セクト主義の間違い、破廉恥、たとえば、「目的が正しければ手段を選ばない」、「敵の敵は味方だ」の誤りを理解することができる。セクト主義に陥る愚を避けることができる。

私は、ジュニア期に、『何をなすべきか』を読んで影響を受けた。しかし同時に、そのセクト主義の誤りを理解できたように思える。その愚をミドル期やシニア期にまで引きずってゆく愚を避けることができたのでは、と思える。

では、シニア期にふさわしい「旬」の本とはどのような本なのか?

一、シニア用の本はない。まだない。こういったほうがいい。書店にあふれているのは、ジュニア期の本か、ミドル期の本である。六〇歳以上の読者を想定して書かれた本は、果たしてどれくらいあるだろうか？　ほとんどないのではないだろうか？

二、児童書がある。青春小説がある。ジュニアやミドル用の多種多様のビジネス書がある。だが、シニア書はない。まだない、といったほうがいいのか？　最近、ようやくシニアを対象とした本が出てきた。しかし、私は、シニア専用の本は必要ないのでは、と考える。フォーシーズン型の読書をすればいい、と考えてきたからである。シニアは、ジュニア期の青臭い感性を歌いあげた石原慎太郎の『太陽の季節』を読むのもいい。ドラッカーのミドル期特有の自信と実績に裏打ちされた、世界智に満ちた経済・経営書を読むのもいい。教父アウグスティヌスの悔悟に満ちた信仰書『告白』だって読むことができる。村上春樹が新訳で出した、サリンジャーの『キャッチャー・イン・ザ・ライ』を手にすることだって難しくない。シニア期は、何でもありなのだ。それでいい、と考える。ひとまずは、こういおう。

三、しかし、ミドル期からシニア期への移りよう、シニア期独特の社会、人生、性問題等を扱った書は、真実必要だ、と考える。それには、シニアがシニア本の書き手になる必要がある。

文学や学術に、新人賞がある。年齢が上がったとはいえ、ほとんどは三〇代までである。稀に四〇代がいる。過去の顕彰という意味でのシニア文学賞はある。しかし、シニア新人賞はない。

「春秋に富む」とは「青年」(ジュニア)のことと決まってきた。せいぜい、どんなに早くとも一五歳から、どれほど遅くても四〇歳まではないか。二五年間のことである。

シニア期は、六〇歳からはじまるとして、春秋に富んでいないか? 希望のある将来が見込めないだろうか? 見込める、とはっきり断言できる。

金がないときほど、本を読む値打ちが上がる

年金で生活している。あるいは、収入が半減した。買わなければならないもの、金を使いたいものが、他にある。将来の不安を見込めば、本にそれほどの金をかけることは無理だ。こんな思いを抱いている人がいるだろう。少なくない、と思う。

だがよくよく思い起こしてほしい。金がなかったから、本を買わなかったのだろうか？　本を読まなかったのだろうか？

私は、三三歳まで定職がなかった。二四歳で親からの仕送りを断った。生活費も、書籍代も、全部、アルバイトと奨学資金でまかなわなければならなかった。二八歳で結婚した。翌年、奨学資金が切れた。一年余、妻も働いたが、子どもができてやめ、定職を持つときには、三人目の子がお腹の中にいた。定職を持っても、低い給料だけでは、家計費もままならなかった。アルバイト（大学の非常勤講師）を続けざるをえない。これが四一歳まで続く。

もしこの間、本を買わないまま、読まないまま過ごしたら、いったい私は何ものであっただろう。幸いなことに、この間、本は買った。意地になって買った。小さいが「別棟」の書庫つき書斎まで造った。これは自力ではなかった。妻の母の援助があった。

私は、文系で、研究者になるため、ひいては、物書きになるために、本を買うのは必要不可欠だったから、買った、読んだ。しかし、それだけではない。金がない、暇がないから、本を読んだ。読まない本も買った。これが事実である。もう少しいうと、本ぐらい買って読まないと、この金もなく、暇もないせつない「人生期間」（ジュニア期）をやり過ごすことができない、と強く思えたのである。

仕事が忙しい。暇がない。買いたいものは、他にたくさんある。しかし、そういうときにこそ、何はなくとも、本を買い、読む。これが人生の価値を高めることにつながる、と私には思えた。

シニアになっても、基本は同じではないだろうか？　むしろ、シニアになると、金に余裕がある。暇に余裕がありすぎる。その結果、読書は、人生要素に占める位置をどんどん落としてゆくのではないだろうか？

金に余裕ができ、暇がうんとできたら、ガンガン本を買う贅沢な読書計画を立てて生きてゆかなければならない理由があるのだ。

本を読むことは、第二の人生を歩むことである。第一の、自分の現実の人生が、辛く、追い込まれていればいるほど、第二の「架空」の人生を充実して生きたいと思うのは、人間だけの特性なのである。これは、はっきりいって、代替行為である。しかし、現実の人生とあいわたり、それを変革する契機を内包する力を持つものなのだ。

人間だけが読書をする。読書を価値あるものとみなす。シニア期に、この読書力を衰えさせて、いいわけがない。これが、私が本書を書く理由の一つ、主要な一つである。

2　明日何を読もうか？

人生でも、旅行でも、明日すべきことがこまごまと決まっていると、ちょっと息苦しくなる。そんなときほど、一〇分でも、できれば一日でもいいから、姿をくらまして、誰も知らないところで息抜きしたくなる。気がつくと、そんな風に息抜きしている自分を発見しないだろうか？

しかし、明日すべきことがまったく決まっていないと、落ち着かなくなる。不安になる。

私は、ずーっと朝早く起きて「仕事」をしてきた。朝起きが好きだからではない。早朝に起きて、したいことがあったからである。出発が早いと、やるべきことがどんなにたくさんあっても、急がず一つずつこなしてゆくことが可能になる。こう思えるのだ。これが私の変わらないジュニアからの流儀（マナー）だ。

同じように、次に読むべき本が決まっていなければ、落ち着かないのは、私だけではないだろう。ちょっとオーバーにいえば、いま本を読み終えた。その余韻に浸っている。そして、明日読む本が決まっている。これはなんとも安らかで、いい気分である。ところが、明日読む本が決まっていない、となると、これが困るのだ。

明日の予定は、読む本から決まってゆく。ただし、余り先まで決めない。これが本選びのコツでもある。

一冊を、三時間くらいで読み切ることができる本の場合は、なにも問題が生じない。ところが、時代小説の長編のように、どんなに速く飛ぶように読んでも、まるまる二日かかる本がある。そんなとき、すぐにでも読みたい本、読まなければならない本が現れることが、ままある。長編の方は、一時待避線に入ることになる。計画が狂う。

もし、吉川英治の『鳴門秘帖』の次に、大佛次郎の『照る日くもる日』を読み、その後に、これ、あれと決めていると、計画が「大幅」に狂うことになる。計画は、狂うものである。しかし、なるべくなら、大きくは狂わせたくない。そのために、実効力ある計画を立てる。これが私の行き方だ。

明日読む一冊が決まっている。その通りゆけば、ベター。しかし、急な変更があっても、ＯＫ。鳴門秘帖が六〇〇ページまできた。しかし、一時中断して、こちらを読まなくては。これは、これだけのこととして過ぎる。

何、読書の変更など、何ほどのこともない。そう考えるだろう。その通りのようだが、ことはそう簡単ではない。

家を出るとき、持つ本が決まらないと

これから読む本が決まらない。在宅している場合なら、まだいい。簡単に、

手持ちの中から探すことができるからだ。しかし、出勤したり、外出する段になると、そうはゆかない。

終日外出する。読み切ることができないくらい厚い本を持って出る。こんなとき、安心この上ない。ゆったりとした気分で、用事を足すことができる。

ところが、予想外に仕事が早く終わったり、用事が済むと、読書がどんどん捗（はかど）る。そんなとき、残りのページが少なくなる。ゆっくり読んでも、ついに終わりが来る。まだ、帰宅までの時間がある。もう一冊、と思い、本屋に飛び込んで探す。しかし、気がせいている。ために、なかなか適当な本を選ぶことができない。そんなときにかぎって、選んだ本にスカが多い。困った、ではなく、いやな気分で帰宅しなければならなくなる。

もちろん、通勤電車中、始業時間前、昼食後のひととき等に、空き時間があっても、本を読まないときがある。持参した本はムダだった、お荷物に過ぎない。こうなるだろうか？　そうはならないのである。

本は、読みたいときに手元にあるかないか、でまったく違う。本がなければ、新聞雑誌、チラシ広告、字が書いてあるものならなんでもいい、という気分になる。

最近、電車の乗り降りの近辺に、観光やショッピング用の周辺マップがある。これがなかなか充実している。電車のなかには、ずいぶん前からの習慣だが、ぶら下がり広告がある。街路にも、大小のディスプレーがあり、字も書いてある。都会には、「文字」があふれている。読む本を持ってこないときは、こういうものを読む羽目になる。

本を持参しているのに、マップや広告やディスプレーが飛び込んでくるときがある。それらに、多少にかかわらず、牽引する力があるからなのだ。私なら、短い時間だが、それを読むのに熱中してしまう。

いずれにしても、十分に分量のある本を持参するのがいちばんである。

重いじゃないか、と文句が出るだろう。文庫本や新書版ならいいじゃないか、と答えよう。しかし、文庫本は活字が小さい。照明の悪いところでは、読みにくい。読んでも、活字が立ち上がってくる、ということにはならない。

それでも、文庫本を持って出よう、といいたい。ただし、私は少々重くても、単行本を持ってゆく。文庫本は、あくまで予備本である。

就業前の読書で一鞭入れられた脳みそが、就業後に全開する。それに、帰宅途中に読書を通じてもう一つの人生と交渉するのは、何とも気分転換にとっていいのである。

トイレに入るとき、本がなければ

短くない人生のなかで、とりわけ大きな時間を過ごす場所がある。万人に共通なのが、トイレである。

このトイレで、本を読むようになったのは、大学生になってからのことではなかったろうか。それまでであったトイレは、自宅、学校、下宿を問わず、本を読む場所としては、最悪だった。

一、暗かった。
二、臭かった。
三、和式トイレで、長時間かがむことが困難だった。
四、不潔だった。

五、夏は暑く冬は寒かった。

本や新聞を持って長時間トイレに入ると、まちがいなく臭いがついた。それが、水洗になり、洋式便器になり、照明がよくなった。トイレに作りつけの本棚や電気スタンドを設置するところも現れた。

「三上」という。考えたり、文章を練るのに最適な場所のことで、「馬上、枕（ちん）上、厠（し）上」（欧陽脩「帰田録」）を指す。現代的にいうと、車、ベッド、トイレで、もっとも読書に適したところである。

ところが、高齢になればなるほど、ベッドの上で、あるいは、横になって長時間本を読むのが辛くなる。電車の揺れが気になり出す。目が疲れ、体が痛むようになるからだ。

これに対して、トイレは読書空間としては、ほぼ完全になりつつある。

一、明るい。

二、排気がよく、清潔だ。

三、空調完備。
四、ゆったり座ることができる。
五、完全無比な個室で、誰にも邪魔されない時間が保証される。

私は、大半を自宅で仕事をする。これは、シニアの人に共通な生き方だろう。トイレは、最善の気分転換の場所である。特に、熱中する仕事に齟齬《そご》が生じたときなど、熱を冷ますのにはもっともいい。その場合、手ぶらでトイレに入ると、効果は半減する。本を読んで、しばし仕事から離れる。これがいい。

そんなこんなで、手ぶらでトイレに入ることが難しくなった。本が手にないと、排便がスムーズにゆかないからである。旅行中でもこれは変わらない。

それで、トイレで読む本が決まっていなかったら、辛い。二重の意味でだ。一つは、持ちこむ本が決まるまで、尿意を我慢しなければならない。二つに、とりあえず持ちこんだ本が不適ならば、尿意が中断を余儀なくされ、不如意な結果になる。何はなくとも、トイレ本である。

私の場合、最終保証として、『つげ義春全集』（全9冊　筑摩書房）を頼みにしている。マンガであるが、小説でもあり、人生論的エッセイでもある。それに、好都合なのは、どこから読んでもいいし、どこでやめてもいい。

トイレだから、一時的な読書、軽い読書、と考える必要はない。テーマが重く、厚いものだっていい。昨年は、福沢諭吉全集（岩波書店）をトイレで読んでいた。これには助かった。

全集「トイレで読む本」を編んで、出版してはどうだろうか？　月一冊の配本、三〇〇ページほどの厚さの、トイレ備え式の装丁の本である。全百冊なら、八年余り、安心してトイレに臨めるわけだ。たとえば、開高健『最後の晩餐』、佐々木邦ユーモア集、今西錦司『人類の誕生』というように、単行本で簡単に手に入らないものがいい。読書欲と便意を同時に満足させる快企画だと思うのだが、どうだろう。

寝るとき、枕元に本がなければ

読書好きの人は、たいてい枕元に本を置いている。私の妻もそうである。人間、毎日寝るのだから、枕元で読んだ本の数は、バカにならないだろう。

ジュニア期からミドル期にかけて、私も横になりながら本を読んだ。冊数からいうと、一番多いのではないだろうか。枕元に、何十冊と本が並んでいると、もうそれだけで幸せ、という気持ちになれた。

ところが、寝て読むと、姿勢に無理がでる。人間の部位で重いのは、頭と腰である。頭と腰を支えるために、腕、肩、背骨、膝等の身体の各部署に無理がゆく。各所が痺れる。だから、横になって本を読むためには、終始、姿勢を変えなければならない。しかも、目線が一定しない。照明もたえず変えなければならない。思うに、寝る姿勢は、長時間の読書には適していないのである。

ただし、冬の寒いときは、布団にくるまって読書をする、という楽しみは格別である。特に北海道のような寒冷地では、布団のなかでどれだけ多くの名作が読まれたことだろう。

もっとも、これも、寒さしのぎのためである。それも、長時間の読書には堪えることが難しい。暖房さえ完備していれば、無理して布団に入って読む必要はない。

それでも、妻はどんなに眠たそうなときでも、枕元で本を開く。そのための照明も、いろいろ工夫している。しかし、数分とたたないうちに、寝息が聞こえてくる。

つまり、ミドルからシニア期のベッドでの読書は、その多くが睡眠薬代わりである、ということだ。読書が、すぐに人を寝つかせる特効薬であるとしたら、読書の効用は素晴らしい、といわなければならないだろう。

ところが、私の場合、読書をすると、よほど退屈な本でないかぎり、逆に、目が冴えてくる。眠ることができなくなる。正確にいうと、目が疲れて活字を追うことができなくなるまで、目を閉じることも、眠ることもできなくなる。

だから、五〇代に入って、私の枕元に、本は置いてない。昼間、横になって本を読むことも、よほど椅子に座り続けて、尻が痛くなったときを除いて、稀になった。

読書に「三上」あり、といった。電車、トイレで、というのは変わらない。しかし、ベッドの中というのは、シニア期では、いささか無理になる、といっていいだろう。

3　一年計画と、読書メモ

第一命題、計画はショートレンジ（a short-range plan 短期計画）がいい。社会主義は一〇年計画を常用したが、成否がわかるまで一〇年というのは、いかにも長い。「国家百年の計」という。成否を問わない計画である。「理念」ともいわれるが、多くは「ホラ」である。

ましてや、高速時代になった。一〇年後の予測でも、長すぎる、と感じられるようになった。たとえ、一〇年計画を立てる場合でも、中身は、せいぜい五年、実質は、一年、一年が勝負、と思いたい。大枠変更がいつでも可能、でゆきたい。

一〇年だ、まだ八年ある、まだ三年あると思っているうちに、気がつくと六年、あるいは、九年と経ってしまって、取り返しのつかない結果になる。

計画は、一年がいい。それを四季に分け、月単位にし、週間計画、さらには、一日に、そして、一日を午前と午後、できれば、四分割して、朝、午前、午後、夜にとなればいい。

こんなに短期間で細切れの「計画」では、息がつまってしまう、と思われるだろう。そうではない。なぜか？

第二命題、計画はラフ（rough 粗）がいい。

これもしたい、あれもやらなければ、と細大漏らさず「計画表」に書き込んである計画は、実現性の薄い、実行力の伴わないものだ、と思ってもいい。

企画書で、Ａ４で五枚も細目がならべてあるようなのは、読まなくとも、バツと思っていいだろう。（ただし、なにごとにも例外があるから、恐ろしい、なめることができないのだが。）

計画は、「柱」（骨太）でいい。それをどうするか（手段）、どういうスケジュールでやるかは、そのときどきの条件に応じて、決定してゆくぐらいの幅を持たせたらいい。ラフである。

読書計画もまったく同じである。特に、シニアのは、ショートとラフを旨とすべし、といいたい。

一年、四季、一月、これまでは、「一本」ずつ柱を立てよう。単純計算すると、一年＝1、四季＝4、月＝12の柱が立つ勘定になる。しかし、二シーズンを、一年の柱を消化するのに費やし、あとの二シーズン・六か月を2＋12でもいい。基本は、柱を立て、実行することが重要なのだ。

一週間、一日、午前・午後、朝・午前・午後・夜は、そのときどきで自在に決定すればいい。自由に変えるほうがいい。いい加減でゆけ、というのではない。アトランダム、ということだ。

本を読んでいると、予定なしに、読みたい本が出てくるからである。読みたいときに、その本を読むのが、最上なのだ。

今年は「この人」を読もう。一年・一著者

一年の柱を立てる。難しいことではない。

ただし、今年は「古代史」関係の本を読もう。これではダメである。柱が太すぎる。部屋の過半を柱が占めると、自分が座る場所がなくなる。こう思ってほしい。

もっとも簡便で、実現しやすい「柱」の立て方は、著者中心でゆくことだ。「一年・一著者」である。

もっとも、生産性の乏しい、集中すれば一週間で読み切ることのできる「著者」を一年の柱にする、では、困るだろう。たとえば、『北村透谷全集』（全三巻）である。

ただし、一人の著者の全作品を読む必要はない。計画段階では、月一冊ずつ計一二冊、あるいは、二月で一冊・計六冊でもいい。

たとえば、哲学者の木田元である。この人、読書の幅が広い。著書の守備範囲も広い。研究書、自伝、エッセイ、詩歌集、翻訳、編集、監修、詩歌集、実に多彩である。

・編集　太宰治　滑稽小説集　みすず書房
・自伝的エッセイ　闇屋になりそこねた哲学者　晶文社
・研究エッセイ　最終講義　作品社
・詩歌集　詩歌遍歴　平凡社新書
・研究書　ハイデガー　岩波新書

反哲学史　講談社学術文庫
ハイデガー『存在と時間』の構築　岩波現代文庫
現象学　岩波新書
・編集　ハイデガー　作品社
現象学事典　弘文堂
・翻訳　ヨーロッパ諸学の危機と超越論的現象学　フッサール著　中央公論新社
見えるものと見えないもの　メルロ＝ポンティ著　みすず書房

いま、とりあえず、これは、と思える一二冊をあげてみた。これだけで、世界標準で、ユニークな日本の代表的哲学者の学術と生活を、大づかみすることができる。

柱さえ立てば、あとは、かなりルーズ（ルース　漫）でいい。いい加減がいい。一年の柱も、著者が決まれば、その都度どの本にするか、決めてゆけばいい。四季も、月も、不確定のまま進んでいい。

それにしても、一週間に一冊。合計、柱が五〇になる。多いように感じるだろう。しかし、一年の柱（一二冊）、四季の柱（四冊）、一月の柱（一二冊）分を除くと、二〇冊余りしか残っていない。むしろ、少ないのではないだろうか。

一日を四分割に、といった。しかし、朝、午前、午後、夜、と読書をスケジュールに組み込め、といっているのではない。そのうち、一コマでも読書に費やすことができたら、グッド、である。

簡単にいうと、一日のうち、どのコマで「柱」を消化するか、を決めてゆけばいいのである。それに、「鞍上、枕上、厠上」の読書がある。

むしろ恐れるのは、読書計画を、たとえ、ラフにでも立てると、一二〇パーセント実現してしまうことだ。やりすぎてしまう。

読書メモの勧め

読んだ。楽しんだ。そして、あとかたもなく、忘れ去った。私の妻などは、こういう。本の名前をいわれると、たしかに読んだ記憶はあるが、内容は記憶にありません、と。

私も、忘れるものは忘れるにまかせる。忘れるというのは、どうせたいしたものではない証拠ではないか。無理に記憶に留めておくことはない。こう思っている。

読むのは楽しむためである。そのとき楽しんだから、それでいいではないか。これは、一見して、正論である。しかし、私は、その程度のことをいいたいのではない。

残念ながらというべきか、素晴らしいことというべきか、楽しみはそのときだけのものではない。即時的、刹那的楽しみだけで満足するように、人間は造られていないからである。

人間という存在は、楽しみを、あるいは、苦しみさえも、記憶に留めておいて、何度も、何度も味わい直そうとする。書物を書き、その書かれたものを読むというのは、快楽の反芻、反復、増幅のためである。人は、自分の恋愛を楽しむだけではなく、恋愛小説を読んで、より多く楽しむのだ。

もう一度、楽しみたい。もっと新しい楽しみを発見できるかも知れない。私が、たいした本でもないのに処分できない思いの奥には、こういう気持ちが強固にある。

読んだ本について、記憶に留めたい。そのために、なにごとかを記し留めたい。かなりの人がそう考える。そのうちの何割かは、書評（ブックレビュー）、読書感想、読書日記、データ、等々の形で、記録に残す人がいる。

インターネットのホームページを開いてみるといい。もっとも多いのが（数えたわけではないが）、本に関するものだ。多種多様で、その多さにびっくりする。「日本人は本を読まなくなった」などというのは戯れ言だ、と思いたくなるほど、本好きの集まりのように見える。

本を読んだ。忘れるに任そう。これが私の行き方だが、記憶に留める工夫をしないわけではない。そのためにメモ（memorandum）をする。大げさなものではない。読んだ記憶を呼び覚ます工夫である。

一、最大の工夫は、「本」に、線を引く、付箋や折り目をつける、簡単な印や文字を記す。最終ページに読了の年月日を記す。

二、カードに、簡単なメモをする。キーワードとページ数が基本。カードは本に挟む。

三、読後感を、表、あるいは裏の空白箇所に記す。短ければ短いほどいい。

四、読書日記を書く。これは、データ中心でゆく。著者、書名、出版年月日、出版社。

これ以上詳しくしない。そのためには、本を処理できない。たしかに、処理していい（と思える）本はある。たくさんある。でも、無益と思えた本の何冊かは、後に役だった、という経験をしてきた。それで処分できない。つまり、私にとって、本一冊丸ごとが、メモ（ランダム）なのである。メモ（ワール）である。

「声に出して読ませたき……」は初心者用、と思うべし

一冊の本に対して、克明にノートを取り、メモを重ね、批評を書いてゆく人がいる。それをホームページに載せる人もいる。「研究」のためなら、致し方ないだろう。

しかし、一冊に、あれもこれも書いてある、そのすべてを吸収しなくてはならない、その吸収したものを言葉で表現し、公開して、多くの人にも知っても

らいたい、と考えると、読書は七面倒なものになり、その楽しさがなくなる。文章は、言葉でできあがっている。言葉のつながりである。そのつながりには、流れがある。リズムがある。その流れの勢いやリズムの響きが、ノートやメモのたびに、中断されると、読書の楽しみの「核」が失われることになる。書物は、ただのデータ集の様相を呈する、といっていいだろう。

本は声に出して読む、これがいい、という説が盛んだ。声に出して読むほうがいい本もある。しかし、少数だ。正確にいうと、本の一部を声に出して読み、その著者が目論んだ、文章の流れやリズムをつかむ、というのはたしかにいいだろう。しかし、一冊まるまる、声に出して読むということになると、何日もかかる。大変な労力を強いられる。たとえば、ドストエフスキー『カラマーゾフの兄弟』を声を出して読んだとしよう。何日かかるだろうか？　一月ですむだろうか？

それに、大きな声を出して本を読むと、本の内容がすっとんでしまう、という経験を持ったことがないだろうか？　大声は脳に悪い。

たしかに、低学年、初学者が、声を出してテキストを読むのは、いいだろう。

しかし、これで、読書の楽しみを奪われた、というのが私の経験である。もちろん、ここでも例外がある。

学術研究では、一字一句おざなりにせず、テキストを精読することを基本とする。その場合には、前提条件として、「発声」する。それが必須のマナーになる。

しかし、普通に本を読むとき、発声するのは、読書にとっていい、とはいえない。むしろ、読書の障害物になる。これが私の体験である。

ただし、読書の途中、この箇所なら、と思えるところで、私だって音読することがある。大西巨人の『神聖喜劇』他の作品で、文体が凝縮して、言葉一つ一つが立ち上がってくる段になると、おのずと音読している自分を見出す。速く読み過ぎてはいけない、と思えるから（だろう）。

だが、こんなのは、例外である。普通の読書は、目で活字を拾い、脳に送り込んでゆく、というような読み方になる。その動きが速い遅いに違いはあってもだ。これが基本だ。

第五章　読む楽しみ、書く楽しみ

1　仕事で読む本は面白い

シニアのみなさんに、是非、勧めたいことがある。

シニア期以降、読書の楽しみに勝る楽しみはない、といいたい。一歩譲って、読書の楽しみを味わわなければ、シニア期の楽しさの味わい度はうんと減る、といおう。

しかし同時に、シニア期独特の楽しみ、読書の楽しみは、読むだけでなく、書くことによって倍加される、といいたい。読むことが、書くことと結びあわされると、読書にまったく新しい熱が生まれてくる。

それで、勧めるのは、書く楽しみを味わうことである。書くといっても、書きさえすればよいのではない。

書くだけなら、書いたものを公開するだけならば、インターネットのホームページで、存分に書くことができる。あるいは、新聞や雑誌の投稿欄に投書をし、掲載されるのは、そんなに難しいことではない。さらに、自前で冊子（個人誌）を出せば、短文、長文にかかわらず、書いたものを載せることができる。

これはこれで、書く楽しみの一つである。しかし、あなたの人生を賭けるようなものを書いて、一冊の本にする。それを勧めたいのである。平たくいえば、書くために読む、を読書計画のなかに組み込む生き方をしてほしいのである。

「勉強」で読む本は面白くない。学校の教科書を見ればいい。どんな名文でも、教科書に載ると、色あせる。これは私の経験則である。もちろん、例外はある。「例外のない原則はない。」(There is no general rule without some exception.)

たとえば、大学受験で浪人中、キャサリン・マンスフィールド『ガーデン・パーティ』を読んで、ひどく感動した。和英対訳の大学の教科書用に編纂した短編集である。おそらく、たった一人で、ゆっくりマンスフィールドと対面する心持ちで、読んだからではないだろうか？　読み終わった後、英語で読んだという感じがしなかった。この長くもない本を読んで、急に模擬試験の点数が上がる、という副産物があった。

ところが、大学の教養課程時代、これも短編集を編纂したマンスフィールドの作品を教科書として読まされた。「うまいな、チェーホフの影響がある」という教師の説明に、なるほど、と耳を傾ける程度のことで終わった。

同じように、「仕事」で強制的に読む本も、面白くないだろう、と思ってきた。しかし、その予想は当たらなかった。

三〇代の半ばから、少しずつ書きはじめた。最初は専門研究論文ばかりである。論文執筆は、研究者にとって、第一の仕事である。そのために関連文献を読む。論文を書く必要がないなら、まったくの無味乾燥に思える文献も、仕事のためとなると、読めるのである。

三〇代の半ば過ぎから、専門外の雑文をぽつりぽつりと書きはじめた。そのために、専門外の雑書も買い込み、読むようになった。仕事のためである。これが無味乾燥でないだけでなく、おもしろいのである。

勉強で、仕事で読む本は、ただ漠然と手に取るときより、よほどおもしろい。これが、本格的に読書時代に入った私の経験則になった。それ以来、変わることなく続いている。

頭に入る

仕事熱心で成果を上げるビジネスマンが、よく本を読む理由の一端は、私にはわかる。仕事をするためには、本を読まなくてはならない。高速時代である。未体験で、上司も知らないことがつぎつぎに押し寄せる。誰も身を以て教えてはくれない。とりあえず、本で学ぶしかないのだ。

そして、仕事のために読む本は、頭にスッと入る。身につく。

シニアには、いったんはリタイアーした人が多い。仕事のために本を読む、ということがどんどん少なくなる。どうするか?

仕事を作ればいい。新しい仕事に就くために、トレーニングする。そのためには、読書が不可欠になる。読書力が、新しい仕事の獲得いかんを決める、重要な因子になる。

しかし、仕事があろうとなかろうと、単純に読書をするのではなく、書くために読むとなると、集中力も持続力も予想以上に高まる。

鉛筆一本持つだけで、読書（集中）力は上がる、といった。ましてや、その本を読んで、理解して、書くために利用しようとなると、集中力がグーンと高まる。また高まらなければ、書けないのである。

ここで、シニアはなぜ書くか、書かなければならないか、の議論をすることは控えよう。一ついえることは、最初の一冊の本を書くためには、およそどんなに低く見積もっても、一〇〇冊の本を読まなくてはならないのである。これは一般書の場合で、専門書の場合は、その一〇倍の一〇〇〇冊が必要である。

「理解しているかどうかは、書かせてみればわかる」といわれる。本当である。誰にもわからない文章を書いている人は、テーマが難しいという理由ではなく、自分がわかっていないのだ、と思って間違いない。

特に勧めたいのは、短い文章ではない。一冊の著書である。最低でも、二〇〇枚（四〇〇字詰原稿用紙）以上である。テーマはなんでもいい。書くために読むと、集中しかつ持続して読むことができる。しかも、おもしろい。「快」である。「楽」である。

もう少しなだらかにいうと、いつかこのテーマで書きたい、と思いながら読む場合と、そうでない場合とでは、読解度も、快楽度も違うのである。

仕事ができるようになる

「机上の空論」といわれる。大蔵省（官僚）あがりの評論家（榊原英資）が、大学教授（民間）出身の大臣（竹中平蔵）を、「仮免許」者といったり、「素人」といったりする。書物や理論から現実を「裁断」する空理空論かとみなすからだ。

不良債権処理も進まず、失業率は高くなるや、株価が大幅に下落するやで、経済不況の出口が見つからないあいだは、「大学教授＝素人」という内容抜きの批判でも、説得力があるかに見えた。

しかし、不良債権処理が政府の強力な介入で進み、失業率も下げに転じ、株価も予想以上に回復基調になってくると、仮免許者とか素人という声は聞かれなくなった。

書物の人だから現実無視の空論家である、というのは乱暴な言い草だ。過去の「実例」は、どこにあるかというと、すべて書物のなかにあるのである。人間の社会は、よかれ悪しかれ、書かれないものは、残らないのである。歴史の実例に学ぶとは、書かれたものに学ぶということである。机上の人をバカにしたり、粗末にしてどうするのだ、といいたい。

かつて経験したことがない、新しい現実に直面した場合どうするか。たとえば「長期のデフレ」である。

一、過去に実例を探す。

二、実例がない場合、新しいやり方で対処しなければならない。これまでの経験は役に立たないという覚悟を持って、むしろ「素人」になったつもりで、ことに当たらなければならない。

この一と二のいずれも、新しいケースと過去の実例とを比較検討する、が基本になっている。

蓄積した過去の実例を、新しい現実のなかで、振り回すだけではダメである、ということにすぐ気づかれるだろう。とりわけシニアに重要なのは、目前の仕事が古い実例で切り盛りできない、と理解すること、先例を参考にしつつもそれにとらわれない態度を貫くことである。

これを率先するのは、シニアには無理だろうか？　そんなことはない。シニアにも大きな可能性がある、否、シニアにこそ大きな可能性がある、というのが私の考えである。

本を読むとは、古い実例を知ることである。同時に、新しい例を、古い手法で裁断しないことを、理解することである。こう理解した人こそ、仕事ができる人である、といっていい。

浪費が利益を生む

読書の第一で最大のものは、「暇つぶし」である。これが私の意見だ。人間は浪費を好む「贅沢」な存在なのだ。「浪費」は人間のマイナス性格ではない。

根本かつプラス性格なのだ。この高速の消費社会は、ますますその性格を強めている。浪費しない人間社会は、ついに滅びる、とみなしていい。

読書のための読書、浪費としての読書、これはもっとも人間的な行為の一つである。人間、これに徹することができたら、どんなにいいだろう。「読書至上主義」である。ところが、面白いことにというべきではなく、当然というべきなのだろうが、浪費としての読書から、「効用」や「利益」が生まれるのである。

資本主義の「精神」をもっとも単純明快に、しかも先駆的にいったのは、マンデビル（一六七〇〜一七三三）である。風刺詩『蜂の寓話』で、「個人の悪徳（浪費）は社会の利益」と喝破した。経済学の父、アダム・スミスの「私利の追求が国富をもたらす」という主張の先鞭者である。

読書は、狭い意味の「経済」という観点からいうと、単純な消費＝浪費である。

ところが、読書をするからこそ、仕事に熟達する。人生に熟達する。読書は、自分の殻を打ち破って、新しい仕事や生活に飛び込む「指針」や「勇気」を与える。とりわけ、いったんはリタイアーを余儀なくされるシニアにとっては、読書はまさに将来を切り開く「鍵」を与える。私は、こう断言したい。

『聖書』の「福音」は文字で書かれている。個人の将来の「福音」も、書を読むことによって切り開かれる、とみていい。

しかし、読書が直接「経済」的利益をもたらす場合もある。

一九九一年に出た私の『大学教授になる方法』が、中くらいのベストセラーになった。それまで、一九七四年にはじめて本を出して以来、一万部以上売れた本はなかった。わずかに印税はもらっていたが、書くために買った本の代金と、書くために費やした労力を補うには、はるかにいたらなかった。

しかし、書きはじめて一五年余、書いて得る収入が、本代をはるかに上回るようになった。費やした労力に拮抗する程度にはなったのではないだろうか。この状態は、それから二〇年、わずかにいまに続いている。私にとっては、奇蹟に思えるが、書きはじめて四〇年を閲したのだから、けっして奇蹟というわけではないだろう。

読書も積もれば本書きに化け、本書きも積もれば札束になる。こんな俗っぽい言葉さえ口を衝いて出る。「頼もしきかな読書」（？）である。

2　読んで、書く楽しみ

読むのは楽しい。しかし、書くのは苦痛である。何でそんなに苦労までして、書く必要があるのか。こう、昼日中机にへばりついている私の姿を予想して、私の遊び友だちはいう。

読むのに比較して、書くのは、一見して、困難である。時間だけでも、数倍、数十倍、数百倍必要になる。その困難をあえてするのだから、苦痛を伴わずにはおかない。こう考えて間違いない。

事実、どんなに書くことが好きで、それを切望する人でも、最初の本を書くときは、難行苦行の連続である。ご多分に漏れず、私もそうだった。神経が異常に高ぶって、書いている最中はもとより、書いた後でも、数か月間、不眠症に陥った。ときに書くことによって得られた精神的高揚が、誇大妄想狂の域に達し、現実の世界に戻ってくることができなくなった人がいる。少なくない。

しかし、そうまで苦労しても、書く喜びは、書いた作品から得られる喜びは、格別なものである。シニアにとっては、とりわけそうではないだろうか。

シニアになった。すでに存分に苦労してきた。若いときならいざ知らず、あえて、さらなる苦労に身をさらすようなことをするなんて、愚行の類ではないか？　こういう疑問を持って当然である。

しかし、シニアに、よく読み、さらによく書くことを、大いに勧めたいのである。どうしてか？

自分の分身を持つ喜び

過疎地に越してきて二〇年余になる。敷地が広い。塀や境界を示す表示などない。そこを、野草類を採りに来た人がぞろぞろ通る。私の家が建つ前は、無住の地だった。いつも通る場所に「家」（異物）がある、というような奇異な目で我家を眺めている。

人が通ったからといって、何かがはっきりと損傷を被ったわけではない。しかし、誰ともわからない人に「私」の敷地を通り抜けられるだけで、何か大事なものが踏みにじられた、と感じる思いを抑えることができないのである。もし、通過する場所が、私の敷地でなかったなら、まったく違った気持ちになるのだろう。

理由は明白で、「そこ」（庭）が私の「モノ」（所有）だからだ。私のモノを無断で使われた。こう感じるのである。少し理屈をいってみよう。

フリードリッヒ・エンゲルスは、人間には二つの「生産」がある。一つは、モノの生産であり、いま一つはヒトの生産＝「生殖」である。その生産も、単純生産ではなく、再生産、拡大再生産であり、だからこそ人間社会だけが「発展」するとみなした。生産＝労働（ワーク　work）が人間と人間社会の「本質」である、という理由だ。

生殖（性活動）の成果である「子ども」は、それを産んだもの（親）の「分身」である。分身を持つ喜びは格別である。素晴らしい分身を得た喜びは至上の喜びに属する。分身を失う悲しみは、自分の身を切り裂かれるのに等しい。この分身を汚されたら、自分を汚されたと感じるのは、自然である。

「仕事」（work）は人間の本質活動である。仕事＝作品（works）とは、まさにそれを生み出した人の「分身」である。それを奪われることは、心血を注いだ「自身」を奪い取られるに等しい。

この「作品」のうち、「書かれたもの」は特別な位置にある。私の「精神」が書いたもの、とみなすからだ。私の精神が「言葉」＝「客観物」という形で「文章」を形成し、一編の作品、一冊の書物となる。書物とは、たんなる作品ではなく、精神の直接の働きであり、言葉を、文章を磨くということは、精神を磨くことと同じことを意味するのである。

不可分離な分身と思われた子どもは、やがて自立し、自分の分身を持つことによって、離れてゆく。これが自然である。書かれたものは、「永遠」に書いた人のものである。書いた人がこの世から消えても、残る。たとえ忘れ去られても、である。

書くとは、たんに分身を持つこと、私の「所有」を増やすことではない。「永遠」の私を残す作業につながっているのだ。シニアが、言葉を磨き、文章をよくする。そうして、書物を残そうとする。それを、この世で分身を残す最後の営みとする。こう考えることは、自然ではないであろうか？

書くのは苦しい。しかし、それが楽しい

勉強でも仕事でも、ワークは激しければ激しいほど、本領発揮ということだ。ダラダラ、ノロノロやっていても、時間が来れば終わるような仕事は、仕事ではない。

過日、地方局のテレビ番組で、公務員のリストラを訴えた。そばに北海道知事がいた。さっそく、視聴者から電話があり、「夫は公務員だが、毎日夜遅くまで仕事に追われている。リストラなんてとんでもない。むしろ増員が必要である」と抗議する。

「夜遅くまで仕事をしなければならないのは、怠慢で、無能だからではないのか？　超過勤務は、むしろ給料ドロボーを意味するのではないのか？」乱暴だが、これが私の「回答」であった。

仕事は激しい。苦しい。だから、磨きがかかり、成果が上がるのである。この逆ではない。

八時間仕事をした。それで定額の報酬がある。これは、定職であるか、臨時職であるかに関係なく、時間給である。ジョブ（job）で、パートタイムなのだ。

書く仕事は、パートタイムではない。仕上がりぐあいによって、評価が、報酬が異なる。出来高払いである。八時間呻吟《しんぎん》しても、一枚しか書けなければ、一枚分の報酬しか支払われない。だから、ハードでなければ、仕事にならない。つまり、苦しいのが当然なのである。

シニアである。さまざまな人生を閲するなかで、自分を磨いてきた、と思われるかも知れない。しかし、書いてみたらいい。言葉を、文章を、頭脳を、魂を磨くことに、いかに疎かであったか、とほとんどの人が痛感するに違いない。

書くと、自分の怠慢と無能を思い知らされる。しかし書くことによって、言葉を磨き、精神を磨くことにつながる喜びを感じることができる。これはひとしおのものである。

知り合いに、裕福なご婦人のNさんがいる。お金には困っていない。もうかなり前になるが、文学教室に通っていて、たまたま書いた小説が文学賞をもらった。それから、たまにだが、エッセイなどを書く仕事が来る。Nさん、それらから得た「報酬」は、別通帳に預金するそうだ。手元にあるA万円と、貯金通帳にあるA万円は、額にすれば同じである。しかし、Nさんにとっては、貯金通帳のA万円は、他に替えることのできないまったく特別な意味を持つのだ。

読まなければ、よく書けない

どんな人でも、一つの作品を書くほどのテーマを持っている、といわれる。その通りかも知れない。しかし、人間、書くテーマがあるから、書くことができる、とはゆかない。

Nさん、書くことが好きで、文学教室に通っていて、講師から課題を与えられ、それに応えるテーマを持っていたから、大きな評価を得た作品を書くことができた。ひとまずはこういっていいのかもしれない。

しかし、私の見るところ、Nさんがいい作品を書くことができたのは、よく読んでいたからである。他に応募した人より、多くを読み、読むことに長けていたからに違いない、と思える。

いい文章を書くためには、かなりの数を書かなければならない。量が質に転化するのだ。しかし、文章を書くためには、あるいは、量を書くためには、よほどの天才は別として、大量に読まなければ難しい。Nさん、本を読むことが好きだっただけではない。いつか、小説を書こう、書かずにはおかない、という気持ちが内奥にあって、それがおのずと読書へと赴かせた、という気配がみて取れるのである。

いい言葉は、いい文章は自然に手に入るわけではない。いい言葉、いい文章と慣れ親しまなければならない。普通は、読書による他ないのである。

そして、人間の自然として、よく読むと、大量に読むと、書きたくなるのである。一方では、こんなにうまく書くことはできない、という劣性意識が生まれることも事実である。同時に、そういう劣性意識を乗り越えて、素晴らしいものを書きたい、自分でも書くことができるのでは、という思いが頭をもたげてくるのだ。

シニアになっても、読む楽しみを続けたい。その上で、読む楽しみを書く楽しみにつなぐことができるような、工夫や努力をしたいものだ。書くために読む。一見すると、読む楽しみが奪われるような、邪道に思える。そうではない、と断言できる。

3　書くために読む楽しみ

仕事のために読む。なにか、義務や強制で読むようで、読む楽しみが根底から奪われる、と感じるだろう。人間、なにがイヤだって、強制や義務以上のものはない。自由という最高の快楽を奪うからである。ところが、仕事のための読書は楽しい、といった。

書くことを「仕事」と見なそう。私の仕事（教育研究活動）では、書くことが立派な仕事（work）である。むしろ、なによりも重要視されるのは、著作（works）なのである。「著作目録」が粗だと、その人の研究活動も粗である、とみなされるのが普通である。研究者の「業績」は、著作ではかられる。著作がなければ、研究者としての要件は満たされない。

研究者は、書くために文献を読まなければならない。文献など必要ない。私の研究は独創的なのだ。こう考える人は、大枠として、研究者の仲間入りはできない。自分の研究が独創的かどうかを知るためには、過去に同類の研究があったかどうか、を知らなければならない。それを知るためには、文献で知る他ない。文献に対する無視ないし無知は、研究においては「罪」でさえある。

まったく自分の頭で、独力で考え出した発明（idea）や作品でも、すでに類似モノがあれば、剽窃《ひょうせつ》であり、盗作である、とみなされる。それを自分のものとして発表すれば、犯罪として告発されても、文句のいいようがない。かくして文献は、読まれなければならないのだ。

書く楽しみには、書くために読む楽しみが含まれる。未読の文献を探す楽しみ、探し出した文献を読む楽しみ、読んだ結果を書く楽しみ、これらは、その過程に困難がはさまればはさまるほど、増すものだ。

しかし、ここでは、書くために読む楽しみの普通のあり方について触れてみよう。

自然と集中と持続が生まれる

何度も触れたように、仕事というようなはっきりした「目的」を持って読むと、おのずと読書に集中と持続が生まれる。

たんに仕事ではなく、書くという仕事のために読むと、読書におのずと集中度と持続度が加わる。また加わらないと、読むことが書くことにつながってこない、といっていいだろう。

まず、書物全体の構図（アイディアや主張、人物配置、背景、構成等）をぴしっと頭に入れなければならない。

同時に、部分部分（パーツ）だけでなく、細部（ディテール）の色合い（ニュアンス）の変化を読みとらなければならない。言葉の端々に気を配る、ということだ。

そして、全体（ボディ）と細部（細胞）を生き生きと結ぶ「血流」の動きに注目しなければならない。文意だけでなく、文の鼓動に耳を傾ける、ということだ。

などというと、何と気詰まりを催すような読みではないか、と思われるだろう。そうではない。書物の骨格や主張をなぞるだけでなく、個々の言葉や文章を深く味わう必要があるということだ。

書くために読むには、むしろ書くという目的は一端は忘れ、著者に寄り添うような形で作品を深く味わう必要がある、といいたいわけだ。書物に没入し、没我するということだ。集中とその持続である。

もちろん、書くためには、一端は没入した書物から抜け出て、その作品をまったく客観化する必要がある。参考文献の一つと見なさないと、自分の作品を書くことはできない。

読むことに集中して、書物に没入する。その書物から抜け出て、自分を取り戻すために、その書物を批判的な対象に見立てる。書くための読書で、精神は振り子のように往復運動を繰り返す。没我し、自己を取り戻すことで、精神に振幅が生まれる。新しい精神の躍動が生まれる。楽しい読書である、という理由だ。

書いてみて、はじめて理解しているかどうかがわかる

本を読むのには、集中とその持続が必要だ、といった。しかし、それは、映画やテレビと比較してのことである。

読むことを書くことと比較すれば、読書は、どんなに真剣におこなっても、「漫然」とした行為に分類される、といっていいだろう。

ミステリー好きの人がいる。正確にいえば、人間は全員ミステリー好きではないだろうか？　「謎解き」である。この話の結末はどうなるか？　この犯行はどのようにして暴かれるか？

ミステリー（探偵小説）だけではない。政治の世界も、産業界も、そして、学術界でさえ、「次にどうなる」「結末はいかん」「あの会社の将来は」「あの研究は実を結ぶのか」というように、未知なるものの探索に、その解明に大きな注目が注がれる。「謎」が、「未決問題」が解き明かされる。これは人間の精神の解放であり、大きな喜びである。

テレビの探偵もので、名探偵が、快刀乱麻を断つように事件を解決する。爽快だ。実録政治小説で、戦後史の謎と目されていた事件が解明される。目から

鱗が落ちるような思いに浸る。

しかし、名探偵の推理は、熟視すると、ご都合主義に満ちている。最初から犯人がわかっていて、その犯行の可能性の証拠だけが集められてゆく。

政治ドキュメントといわれているものも、熟読すれば、その核心にあるのは、世界はユダヤ・シンジケートによって動かされている。某大物政治家は、その謀略団のメンバーである、という「たんなる事実」から導き出されたものであることが判明する。

そこで、私ならこう思うという別の「推理」を立ててみたくなる。実際に立ててみる。しかし、どうだろう、その私の推理も、それを一つの書物に書いてみると、独りよがりのところがぽろぽろ出てくる。

議論したり、自問自答するだけでは、「それが何であるか」に納得を与えるように答えることは難しい。書いてみると、そのことがよくわかる。「無知の知」である。

書くことの難しさは、たんに文章を書くことの難しさではない。問題への解答を出すことの難しさに気づかせる、という点にある。書いてみると、どんなに自信を持った解答も、一つの回答にすぎない、ということが判明する。

他人を（も自分をも）納得させるために書く行為が、他人に十全に納得させるにいたらないということが判明する。読むことに加えて、書くことの意味が、書くことの面白さが、こんなところにもある、と思える。

読書が仕事につながる

いい仕事をするためには読書が必要だ。いい仕事をした人（の多く）は読書家だ。こう繰り返してきた。読書はいい仕事につながる、というわけだ。

しかし、仕事一般のことではなく、読書が書くことにつながり、その書くことが仕事になる。これが、ここでの焦点だ。

読書をする。こんなにうまく書く人を前にして、自分など何ほどのものも書けない。こういう敗北感を味わう。しばしばだ。しかし、どれほどうまく書く人を前にしても、常に全面敗北するわけではないだろう。ときに、自分ならこう書くのだが、という気持も湧く。その著者が取り扱わなかった材料を見出すこともできる。ヘーゲルやマルクスがどれほど天才でも、私（鷲田）にも書く余地は残されている。若い私には、そう思えた。

かつて、著者と読者は、隔絶していた。現在は、誰でも、書きさえすれば、本を出すことができる。著者になれる、というわけだ。自費出版という手があるからだ。もっとも、書くことが安易になった、という批判もある。

しかし、最初は、それでもいいではないか。三島由紀夫だって、最初の作品は自費出版だったのだ。だが、どうせ書くのだ。自己満足だけに終わらず、評価されるものを書きたい。そういうものを書いて、仕事にし、報酬を得たい。これが、書いたものが仕事になる第一階梯（ステップ）である。

それに、書かなかったら、誰の目にもとまらない。評価の対象にならない。若いときだけではない。シニア期にこそ、書くことを仕事の一部にできるということは、大きな心の弾みになる。喜びになる。これは間違いのないことだ。

書いて仕事になり、報酬まで得ることができる。こんなことは、稀である。むしろ、ムダで、空しい努力に終わる。こう考えるだろう。

しかし、読書が好きな人には、その読書を活かす生き方を模索してほしい、と願う。それには、書くこと、書くために読むことに勝る生き方はない、と考える。この願いと、この考えを、やはり私はいわずにはおれないのだ。どんなに困難そうに思えてもである。

第六章　私の図書館

1　現実図書館

読書には、本が必要だ。読みたい本、読むべき本、読んだ本が収納されている場所が、「私の図書館」である。館とはいわず、図書室でもいい。

もちろん、ただ本が収納されてあるだけでは、「図書館」とはいえない。物置小屋に段ボールに詰められたまま死蔵されている本は、ゴミと同じである。常に利用可能な状態になっている必要がある。

何、図書館など必要ではない。シニアには時間が十分ある。書店が私の図書館だ。公立図書館で十分だ。こう考える人がいるだろう。しかし、本はゆっくり、ゆったりした姿勢と気分で読みたい。書店も、図書館も、「参考」図書の瞥見（正確には盗み読み）に利用できるが、それ以上でも以下でもない。それに、まさか夜中になって書店や図書館でもあるまい。急に読みたくなったらどうするのだろう。

図書館は、広ければ広いほどいい。本は、たくさんあればあるほどいい。こう思うだろうか？　そうではないのだ。自分の「身の丈」にあったものがいい。それで、まずは、現実主義でいってみよう。最小限綱領である。

私の図書館は、最低限度、「個室」（プライベートルーム）である必要がある。読書は、孤独な精神の営みである。

第二に、机がほしい。引き出しなど不要で、足下に何もないのがいい。

第三に、これが重要だが、疲れない、ゆったり座れる椅子がほしい。椅子だけはいいのが、というのが私のモットーだ。現在使っているのが、非常にいい。アメリカ製で、息子が贈ってくれたものだ。高いらしい。

まあ、こんなところだが、以上は箱ものとしての図書館の最低要件だろう。

さらに一つだけ贅沢をあえてすれば、CDつきのラジオがほしい。低い音で音楽を聴くためで、いまは小型の「Bose（ボーズ）」で満足している。これでFMを聞くと、安らかになる。

必要最小限の本は置きたい

図書館とは本を置くところである。同時に、本を読むところでもある。本の冊数は、おのずと個室の広さによって制限される。個室の広さを、一〇平米と見立ててみよう。約三坪である。一〇年前なら、この半分の広さでも可能だが、パソコンやその関連機器をおくと、三坪、六畳くらい必要になる。

シニアにとって、図書館は、読むべき本を収納している場所である前に、読んだ、これだけは取っておきたい、と思える本を置く場である、と思いたい。もう一度読みたい、仕事に利用できると思える本は、身の回りに置きたいものだ。置く必要がある。

この本たちは、私の著書が「第一の分身」であるとするならば、「第二の分身」とでもいうべきものである。人によって、仕事によって異なるが、数はそんなに多くなる必要はないだろう。

もちろん、これから読みたい本、読むべき本を収納する場所でもある。しかし、数を多くする必要はない。読むべき本をドカーンと収めると、積んで終わり、ということになる。多くても、一〇〇冊を目途に選定しておいたらいいのではないだろうか。それも、いっぺんに買う必要はない。

以上をもとにしていえば、手元に置く本の数は、一応の目途として、一〇〇〇冊程度ではないだろうか。これなら、一〇平米の個室に収納可能である。

本を読むためのレファレンス

本読みならば、本書きになろうとするのならば、レファレンス（reference リファレンス）という言葉を知ってほしい。参考文献のことである。

どんなに記憶力のいい人でも、たとえば、徳川慶喜の生年と没年をぴしっと記すことは難しいだろう。まず、普通は、記憶している必要はない。しかし、記す必要が生まれたらどうするか。人名辞典を引くか、歴史年表を括るだろう。「一八三七〜一九一三」とある。

「言葉」の意味、人名、地名、等々、本を読むために必要な参考図書がある。この辞典類がなかなか厄介なのだ。かさばる、場所を取る、からばかりではない。数あるなかで、どれを選ぶか、という問題である。

たとえば、国語辞典である。どれでもいい、というわけにはゆかない。ドングリの背比べから抜け出て、小型では『新明解国語辞典』（三省堂）がいい、あるいは、ユニークである、という定評がある。同時に、見坊豪紀編纂の『三省堂国語辞典』はその上をゆく、と谷沢永一先生はいう。大型では、『日本国語大辞典』（小学館全一三巻　縮約4巻がデジタルで個人入手可能）が抜群の威力を発揮するが、なにせ大きく、重い。

情報社会のまっただ中に生きている。英独仏等の外国語辞典がないと、にっちもさっちもいかなくなる。これも、数ある中から選択するのが、とても難しい。定評通りかというと、そうはゆかない。新しい辞書は、使ってみないとわからない。

地図、年表、現代語の解説、哲学事典をはじめとする専門分野の事典、百科事典、等々と数え上げると、最低限必要なものを揃えるだけでも、相当な数になる。しかし、こう思い決めてほしい。

レファレンスは、必要になったとき、買い揃えてゆけばいい。ただし、置く場所がない人は、レファレンス類は、基本的に、ＣＤ版やインターネットサービスを利用するといい。

特に、大型の辞典や百科事典、現代語事典等のデジタル版を、パソコンに内蔵して利用する方法は、視力や腕力（？）に問題が生まれるシニアにとっては、「福音」にも等しい、と特筆大書したい。本当に便利である。

シーディCDとユーエスビーUSB

私の図書館にはパソコンが必要だ。パソコンがシニアにこそ必要である、という理由は詳しく述べた。

パソコンは、膨大なデータを貯蔵しておく能力を持っている。そのデータを、インターネット・メールで瞬時に電送することができる。この記憶と送付の威力は素晴らしい。

同時に、パソコンの記憶装置は万全ではない。リスク回避に万全を期そうにも、どんな原因で、いつ破壊されるか、予測できない。それに、回避不能な汚染（ウイルス）問題がある。

パソコンが日々蓄積するデータのうち、重要と思えるものは、CDやUSBに記憶させておく必要がある。これが一つ。

また、二に、さまざまな形で市販されるデジタル版の本やレファレンス類を購入し、収納しておく必要がある。この数は知れているが、徐々にではあれ確実に増えてゆく。私の図書館をも浸食してゆく、と見ていい。

三に、映像や音を収録したCD等を収納しておく場所が必要だ。デジタル時代である。私のような非音楽派でも、知らないうちに、増えてゆく。その数はバカにならない。人によっては、本より、こちらの方の数が多くなるだろう。

2　架空図書館

情報社会とは、コンピュータ社会の別名である、といっていい。

葉書や手紙や書類で意思の伝達をはかる時代から、パソコンや携帯電話で意思疎通をはかる時代に、確実に変化している。

本や雑誌、パンフレットという形で知識や情報を伝える方法は、まだ主流である。しかし、国外、国内旅行を問わず、パソコン（ノート型）一台を持ってゆくと、どこであれ、いつであれ、仕事ができる。読書ができる。交信ができる。インターネットを開くことができる。一冊も本を携帯せずにである。こんな時代に私たちは生きている。

しかも、パソコン一台を抱えての旅を、遠・近距離移動を、他の誰でもない、この私がしているのである。シニアのあなたができるのである。

たとえば、スピノザの『エティカ』を開いて読む。スピノザについてずいぶん以前に書いた拙著『スピノザの方へ』を開いて、ぱらぱらと読み直すことができる。あるいは、インターネットで、スピノザ解釈（英文）を見い出して、取り込み、参照することができる。

わずか二週間の旅といえども、手ぶら状態で、『エティカ』を再読し、書くべき論文の概要をテーゼ化する程度まではたどり着くことができる。必要なのは、電気（補充）だけだ。

パソコンは架空図書館だ

私のパソコン歴はそんなに長くない。ただし、その前、かなり長くワープロ専用機時代があった。そのワープロ時代に蓄積した「情報」、大部分は私が書いた本、論文、エッセイ、授業や講演の概要（レジメ）、手紙等々が、テキスト形式でパソコンに内蔵されている。パソコン時代に蓄積された「情報」と合わせると、その量は、膨大なものではないだろうか。

それに、レファレンス類だ。百科事典二種類、大型国語辞典三冊、小型国語辞典二冊、英語辞典だけで、OED・英和二冊・和英三冊、それに、仏和、独和、羅和、現代用語の基礎知識、地図、年表、人名二冊（日本・世界）、六法、等々である。

その他に、インターネットサービスによる「情報」、電子書籍、メール配信の「情報」（有料）、新聞等を入れると、パソコン一台だけで、一冊も本を収納しなくても、私の図書館ができあがる、といえる量になる。

何かすごい情報量のように見えるだろう。そんなことはない。二〇年くらいパソコンを使って、書いたり読んだりしていたら、たいていはこういう状態になる、と思ってほしい。私がインターネットを本格的に利用しだしたのは、まだ二〇年になっていない。

もちろん、パソコンで獲得できる知識や情報は、これでもまだまだ私の読書にとっては一部に過ぎない。それでも、この架空の図書館とでもいうべきパソコンなしに、現在の私の図書館はありえない。未来の図書館は考えることはできない。こう断言できる。

この本はこの図書館にある

「国立国会図書館」には、求める本の大半が収蔵されている。そのホームページ（http://ndl.go.jp/）を開いてみよう。

登録すると、以前なら、現地（図書館）まで出向き、手続きを踏んで、やっと閲覧可能になった。膨大な手間暇が必要だった。現在は、インターネットで簡単に、次のようなサービスを受けることができる。

◆郵送複写サービス　＊来館することなく、自宅や職場からインターネットにより複写を申し込むことができる。ホームページ内のＮＤＬ－ＯＰＡＣ（国立国会図書館蔵書検索・申込システム）の検索結果から、郵送複写サービスを選択して資料名・巻号・複写箇所等を指定する。複写物の受け取りは郵送のみとなる。

登録していなくても、お近くの図書館を通じての郵送複写の申込みは可能。

◆取寄せサービス

◆閲覧予約　登録利用者の方は、氏名・住所等の記入が必要ない。

つまり、インターネットを利用すれば、国会図書館は、私の図書館の「一部」になるわけだ。

国立情報学研究所のWebcat Plus（ウェブキャット・プラス　http://webcatplus.nii.ac.jp/）を開くと、どの本がどの図書館に収蔵されているか、が瞬時に判明する。たとえば、「徳富蘇峰」を引く。三三四件ヒットする。『蘇峰先生年譜』（守武幾太郎、1928. 5, 38p.）に目がゆく。開くと「徳富蘇峰文章報國四十年祝賀會」とある。収蔵する図書館は四館、学習院・法経、阪大、東大経・図書、同大である。

よほどのことがないかぎり、図書館のあいだの相互サービスによって、郵送複写サービス、ないしは、取り寄せサービスを受けることができる。このホームページに収録されている本は、一〇四六万冊余（二〇〇八年五月現在）である。

こんなことは、パソコンが普及し、インターネットが普及するまでは、考えられないことだった。

つまり、パソコンとインターネットを利用すれば、全国の図書館が、個人が直接利用可能な図書館になるのである。架空（だが現存する利用可能な）図書館という理由だ。

図書目録は隠れた宝庫だ

インターネットで、新刊本、古本、古書を問わず、居ながらにして、検索可能になった。喜ばしいことである。しかし、デジタル化された本の情報は、こと古本、古書に関していえば、全国に埋もれた書物の、ほんの極少一部である。既刊書の目録も、あるいは、古い目録も、それぞれ、書物と関係を密にする上で、役立つのである。

一、古書目録　＊それこそ、各書店の個性がにじんでいる。手書き（コピー）の、Ａ４裏表合計六ページ程度のものから、図録入り、エッセイありの数百ページの豪華版目録（有料）のものまで、千差万別である。なによりもいいのは、ジャンルに偏した行き方である。

二、既刊書目録　＊①出版社の書籍目録は、ほとんどデジタル化している。その「紙」版というべきである。②ジャンル別に編纂した目録は、教科書や参考書主体のものが多い。その分、入門書を知る上で便利だ。

三、解説目録　＊文庫本や新書版の目録は、解説が充実している。一〇〇字から二〇〇字で、一冊の書物を見事に紹介する力は、大いに学んでもいいのではないだろうか。立派な読書案内になっている。たとえば、『講談社文庫解説目録』一冊をポケットに忍ばせて家を出れば、活字の飢えに苦しめられることはないだろう。

四、刊行本の傾向に、時代が如実に反映されている。古い時代の本の調子を知るには、古い目録が必要になる。特に文庫目録類を手放すことができない理由は、あるのだ。

それに目録類は、原則として、無料である。

さらに言い足せば、読書好き、特にシニアにとっては、『みすず書房刊行書総目録　1946－1995』（一九九六）や『ある軌跡＝未来社25年の記録』（一九七六）のような「総目録」書が持つ意味は、特別のものではないだろうか。目録に、筆者たちの対談（証言）を重ね合わせると、戦後日本と本とがたどった歴史の断面を鮮烈に切り取って見せてくれる。

3　理想図書館

私は、理想家（正しくは理想主義者）からはほど遠い。しかし、「理想」を持たないのかというと、そんなことはない。

フランス人が書いた『理想の図書館』（一九八八）がある。邦訳されて、パピルスから発行されている。大冊である。文学・小説中心で、歴史や哲学等のジャンルは、付け足しである。これがおフランス流なのかな、とも想像する。

私（鷲田）の図書館の理想版は、全ジャンル網羅型のエンティクロペディ（百科全書）タイプでもなければ、個人癖に偏したマニアック（maniac　メイニアック）タイプでもない。そのときどきの必要に応じておのずとできあがったもので、いうならば自然流タイプとでもいえるだろう。（なにか、かっこつけているようだが、放任型というべきか？）

しかし、必要は変わる。当然というべきか、およそ蔵書の三分の一を占めるマルクス主義関係の本は、理想の図書館から除外される。

あなたの理想の図書館は、どんな姿のものなのか、暇つぶしを覚悟で、想像してみてはいかがだろうか。これも読書に付随する快楽の一つである。

本を探す楽しみ

本を読む楽しみのなかで欠かすことのできない快楽に、本の探索がある。インターネットの登場で、誰でも簡単に望む本を手に入れることができるようになって、探索の楽しみが減った。私には、惜しい気がする。

それでも、パソコンとインターネットを使って、本を探す能力を備えていない図書館は、欠陥品に違いない、と思える。

本を、一種の勘を頼りに、闇雲覚悟で探す楽しみが減った。しかし同時に、必要な本を必要なだけ、一気に揃えるという、一極集中型の楽しみが加わったのである。

おそらく、これからは、個人の著作目録は、著者本人（かその代理人）が完全なものを作って、インターネット上に公開する、という時代が来るだろう。

つまり、ネット書店や図書館ではなく、個人が本に関する情報を提供する最終単位になるということだ。

私は、自分の書いたものをデジタル化して、一本のＵＳＢに収録する程度のことはしようと、かなり前から準備を進めてきた。これは、デジタル以前の時代にものを書いたり、本を出版した人には困難だろうが、パソコンで書く時代を生きる人たちには、少しも困難なことではないだろう。

本は書店から姿を消すことはないだろうが、求める本の検索は、個人対個人の関係でおこなわれる度合いが、どんどん増すに違いない。

本を探す楽しみが、現在と非常に違った形になる、と想像できる。一つの理想型ではないだろうか？

理想の図書館を設計する

「理想の図書館」という。理想である。完璧である。唯一であるに違いない、と思うだろうか？　そうではない、といおう。

理想は、万人にとって唯一無比のものではない。私（個人）の一個の理想なのだ。過ぎないのだ。それに、私の理想も、変化する。成長あるいは衰弱することがある。難しくいえば、「n個」の理想がある、ということだ。n＝無限である。

「私」の理想なのだから、私が設計するのが筋である。私にとっての理想である。でも、私の理想はあなたの理想設計の参考になるだろう。

理想の図書館を設計する要件を掲げてみよう。

一、これまで読んだ書物の基礎の上に、めざす図書館を設計しよう。もちろん、破棄したり消去しなければならない既読書はある。しかし、くれぐれも、基礎をまるまるまったく新しいものにとりかえようとする愚は避けよう。

二、不足を足す。これがシニア時代の読書の基本である。だから、読書の経験をほとんど持たない人が、理想の図書館を持とうとするのは、不可能事に臨むに等しいのだ。有り体にいえば、初心者は理想を持つな、ということだ。

三、理想は、大きなものである必要はない。「球」は、大小にかかわりなく、「完璧」なのだ。小さい球からはじめて、継ぎ足してゆく、これが万人に可能な正道である。シニア時代、素晴らしい「球」を発見して、大きくしてゆく楽しみは、格別なものだ。

四、是非とも了解してほしいのは、あなたが天才でないのなら、すでに立派な読書人でないのなら、パソコン（ワープロ、メール、インターネット）を導入することである。あなたの読書人生が何倍にも充実する、と思える。

パソコンは、何度も繰り返してきたように、シニアの味方なのである。

定年後に読む本を選定する

序章で紹介した「定年後に読む百冊の本」をベースに、理想の図書館の一コーナーを飾るに違いないと思える、私の図書館を選定してみよう。（ただし二〇〇七年末現在。）

＊は、そのほかにも薦めたい本がある。

1 極めつけのエッセイ　6

高峰秀子『にんげん蚤の市』文春文庫　＊
曾野綾子『夜明けの新聞の匂い』新潮文庫　＊＊
向田邦子『父の詫び状』文春文庫　＊

山本夏彦『笑わぬでもなし』文春文庫　＊＊＊
丸谷才一『低空飛行』新潮文庫　＊＊
開高健『風に訊け』集英社文庫　＊＊＊

2 本に関するエッセイ　8

谷沢永一『紙つぶて』文春文庫／ＰＨＰ文庫　＊＊＊＊＊
向井敏『残る本 残る人』新潮社　＊＊＊
百目鬼恭三郎『風の書評』ダイヤモンド社
サマセット・モーム『読書案内』岩波新書
渡部昇一『知的生活の方法』講談社現代新書　＊＊＊
鷲田小彌太『定年と読書』文芸社　＊＊＊
鮎川信夫『時代を読む』（文藝春秋）＊＊
中野重治『本とつきあう法』ちくま文庫　＊＊

3 人間に関する本　7

谷沢永一『人間通』新潮文庫　＊＊＊
ラ・ロシュフコー『ラ・ロシュフコー箴言集』岩波文庫
竹中労『鞍馬天狗のおじさんは』ちくま文庫　＊
鷲田小彌太『人生を生き直すための哲学』文芸社　＊＊
開高健『人とこの世界』中公文庫　＊＊
幸田露伴『努力論』岩波文庫
塩野七生『男たちへ』文春文庫　＊

4 勉強に必携の本　12

鷲田小彌太『はじめての哲学史講義』ＰＨＰ新書　＊＊＊
内藤湖南『日本文化史研究』講談社学術文庫　＊＊
小西甚一『日本文学史』（講談社学術文庫）＊＊
小室直樹『国民のための経済原論』光文社カッパビジネス　＊＊
山本七平『日本人とは何か。』ＰＨＰ文庫　＊＊＊

多田富雄『生命の意味論』新潮社
古川俊之『機械仕掛けのホモ・サピエンス』潮出版社　＊
妙木浩之『父親崩壊』新書館
長谷川慶太郎『環境先進国日本』東洋経済新報社
宮崎市定『論語の新研究』岩波書店　＊＊
立花隆『日本共産党の研究』講談社文庫
鷲田小彌太『入門・論文の書き方』ＰＨＰ新書　＊＊

5 歴史はすべての知の源　8

司馬遼太郎『歴史と視点』新潮文庫
『歴史の世界から』中公文庫
『歴史の中の日本』中公文庫
『古往今来』中公文庫
梅棹忠夫『文明の生態史観』中公文庫　＊
岡田英弘『日本史の誕生』弓立社　＊＊

渡部昇一『日本史から見た日本人』祥伝社　古代・鎌倉・昭和編　***
大石慎三郎『江戸時代』中公新書　*
川勝平太『文明の海洋史観』中央公論社

6 時代小説は教養の宝庫　12

司馬遼太郎のベスト3　『国盗り物語』『菜の花の沖』『花神』　*****
藤沢周平のベスト3　『用心棒日月抄』『三屋清左衛門残日録』『隠し剣』
池波正太郎のベスト3　『鬼平犯科帳』『剣客商売』『仕掛け人・藤枝梅安』
隆慶一郎『吉原御免状』新潮文庫　*
子母沢寛『勝海舟』新潮文庫
鷲田小彌太『時代小説の快楽』五月書房　*

7 現在を知るために　7

長谷川慶太郎ベスト3　『長谷川慶太郎の世界はこう変わる』シリーズ　***
『2003　一〇〇年デフレと日本の行方』徳間書店

『2002　リスクの時代と日本』
『2001　繁栄の選択　衰退の行方』
吉本隆明『超西欧的まで』弓立社　＊
P・F・ドラッカー『すでに起こった未来』ダイヤモンド社　＊
鷲田小彌太『現代思想　1970～2001』潮出版社　＊
『日本とはどういう国か』五月書房　＊

8 小説を数冊　6

大西巨人『神聖喜劇』ちくま文庫他　＊＊
曾野綾子『天上の青』新潮文庫　＊
原尞『私が殺した少女』ハヤカワ文庫　＊
フリーマントル『別れを告げに来た男』新潮文庫　＊＊
バロネス・オルツィ『隅の老人の事件簿』創元推理文庫
ロアルド・ダール『あなたに似た人』ハヤカワ・ミステリ文庫　＊＊

9 評伝・自伝　8

福沢諭吉『福翁自伝』岩波文庫

高橋亀吉『経済評論五十年』投資経済社　＊＊＊

足立巻一『やちまた』朝日文芸文庫

谷沢永一『雑書放蕩記』新潮社

斎藤兆史『英語達人列伝』中公新書

林望『書藪巡歴』新潮社

渡部昇一『随筆家列伝』文藝春秋

『財運はこうしてつかめ』致知出版社　本田静六評伝

10 この人の評論著作は見つけたらかならず買って読もう　7

徳富蘇峰　日本の名著　中央公論社に入っている

三宅雪嶺　日本の名著　中央公論社に入っている

石橋湛山　全集、選集（東洋経済新報社）がある。岩波文庫（評論集）にもあるが、選集がいい

林達夫　岩波文庫にある　著作集
福田恆存　評論集等が古本でよく出ている　全集（新潮社もある）
伊藤整　全集　新潮社
山崎正和　新刊書もかなり出ている　著作集もある

11 鷲田小彌太ベストセラー　5

『大学教授になる方法』ＰＨＰ文庫
『自分の考え整理法』ＰＨＰ文庫
『思考の技術・発想のヒント』ＰＨＰ文庫
『自分で考える技術』ＰＨＰ文庫
『「やりたいこと」がわからない人たちへ』ＰＨＰ文庫

12 自著自薦ベスト　3

『昭和思想史』三一書房　増補、新版　改訂・新書版『昭和の思想家67人』ＰＨＰ新書

『天皇論』三一書房
『新 大学教授になる方法』ダイヤモンド社

13 友人の著作ベスト 3

東直己『探偵はバーにいる』早川書房　＊＊＊
堀川哲『人間機械論』三一書房
小笠原茂『中国人とは何者か』ＰＨＰ研究所

自分の著作がたくさん入っている。ご寛恕を。私自身は、シニアになっても、書く意欲は落ちていない。読みたい本もどんどん増えている。私の生命力の源は、読書にある。こう言い切ってみたい。

文庫版のためのあとがき

1　旧著が文庫本化されることほど、著者にとってうれしいことはない。なによりもより多くの読者の目に手に触れる機会を与えられる。いわば本にとっては定年後に第二の人生を歩むに似ている。幸運である。

しかも本書は出版元が異なるとはいえ、『定年と読書』（文芸社・2002年文庫版・2011年）の続篇を目して書かれたのであった。さらにいえば『男の老後力』（海竜社　2008年）が文芸社文庫にくわえられ、『定年と幸福』（2011年）という名で再出発しているのである。著者にとってもこれほどの幸運も珍しい。

2　旧著からちょうど五年になる。その間、私事に関していえば、二つの大きな出来事に出会うこととなった。

一つは、本書を書くきっかけになった、わたしの読者から要請され作成した「死ぬまでに読むべき100冊の本」のリストにかかげた著者、ピーター・ドラッガー、梅棹忠夫、谷沢永一、吉本隆明、丸谷才一という五人の日本ならびに世界の至宝を失ったことである。とくに谷沢、吉本両氏の著書が与えてくれた書恩なしに、わたしの読書生活が、作家人生が、なによりも実人生がありえなかったと思える。

しかし著者を失ったとはいえ、著書が世界遺産として残される。「歴史」(history)とは本義をただせば、①探求・調査、②記述・記録、③歴史・史書、④物語・話である。書物＝書かれたものとは歴史＝遺産であり、求めれば消えずにそこにあるものなのだ。

3　二つは、わたしが2012年に定年を迎えたことだ。「定職」を失った。なによりも「職場」に出かけなくなった。生活が激変したか？　たしかに外出の機会は減った。しかし、起きる時間も、寝る時間も同じだ。TVを観、酒を飲む時間が「多少」長くなったが、やること、やりたいことも基本的には変わっていない。「読書」中心の生活が続いているからだ。

4　本書が、読書とともに豊かな老後を送りたいと思っている人たちの手助けに、いくぶんでもなりうれば、というのがわたしの切望である。そのチャンスを与えてくれた、文芸社文庫の佐々木春樹編集長に深甚からのお礼を述べたい。ありがとう。

２０１３年１０月末日　　初霜が降りた馬追山から　　鷲田小彌太

本書は、二〇〇八年十一月、エムジー・コーポレーションから刊行された『シニアの読書生活』に、加筆・修正し、文庫化したものです。

文芸社文庫

シニアの読書生活

二〇一三年十二月十五日　初版第一刷発行

著　者　鷲田小彌太
発行者　瓜谷綱延
発行所　株式会社　文芸社
〒一六〇－〇〇二二
東京都新宿区新宿一－一〇－一
電話　〇三－五三六九－三〇六〇（編集）
〇三－五三六九－二二九九（販売）
印刷所　図書印刷株式会社
装幀者　三村淳

ISBN978-4-286-14730-7